農家の嫁から
3年で年商1億の
社長になった
筆者が教える

女性が幸せになるための
ゼロから始める

サロン開業術

したたか

アクトインターナショナルスクール社長
太田めぐみ

BAB JAPAN

はじめに
なぜ粗利600万円にこだわるのか

あなたはお金を儲けることさえできれば「幸せ」と言えますか？

仕事で充実感を味わいながら、余裕を持って生活できるだけの収入を確保し、家族と仲良く毎日楽しく過ごせること。話題も友達も失わず、ノーマルな感覚でいられること。私にとってはそれこそが「幸せ」です。

その「幸せ」をつかむひとつの目安が「600万」なのです。

女性が無理なく仕事をして手にすることができ、かつ余裕を持って生活を楽しむことができる、最適な金額。それが、「粗利600万」。私がこれまでの経験の中で至った結論です。

もっともっと収入を得たいという気持ちもわかりますが、出会った方々や自分自身の生活を考えてみると、600万～3千万の間は、何かを犠牲にしないとやっていけないラインであるように思います。この犠牲を楽しく思える精神力、またはこの犠牲が絶対必要！　と思える大義名分をあなたはお持ちですか？

「YES！」という方は是非3千万以上を目指しましょう！

でも、その間の努力は並大抵ではありませんし、自分自身やご家族の 時間等が犠牲になる可能性大です。それでもやりたいなら是非チャレンジを！

いずれにしても、まずは確実に600万で安定した豊かな生活を続けられるほうがいい。そんな風に思いませんか？

「そう思う！」と思って下さったあなた。

そんなあなたを、私は応援したいのです。

✦「農家の嫁」からサロン経営者に！

「いや、いきなり応援したいと言われても…そもそもあなたは一体何モノ？」

そう思われて当然ですよね。そこで、私のことを少しだけお話したいと思います。

23歳の時、大恋愛の末に私は何もわからないまま古くからの農家に嫁ぎました。

「都会から来た嫁」ということで集落でも注目を浴びましたが、もともと負けん気が強いほうなので、はじめからバリバリと農業に勤しみました。

それまで全く経験もありませんでしたが、やってみるとなかなか面白く、充実感の味わえる毎日でした。今でもトラクターを自由に操れます。

でも、ひとつだけ不安がありました。

それは、農業に従事している女性のお肌のことです。

直射日光にさらされて作業をする毎日ですから当り前なのですが、周囲の女性の顔や手はカサカサで、しみやしわも多いのです。年上の女性の姿を見ながら、自分の10年後、20年後を想像するとぞっとする思いでした。

「このままでは、いつか自分もあんな風になってしまう…!!」

そこで、自分なりに美容の勉強をはじめました。化粧品やお手入れの方法を研究し、日々いろいろ試してみたところ、お肌もそれに応えてくれ、どんどんきれいになっていきました。すると楽しくなって、ますます勉強・お手入れに力が入りました。そのうち、「農作業をしているのにシミもできずにキレイ!」と集落中から噂されるほどになりました。

そんな訳で、お肌がキタナクなる恐怖感からは脱出できましたが、今度は別の欲求が沸いてきました。

私は元々お洒落やファッションが大好きだったのですが、一家で農業をしているため、自分の自由になるお金があまりありませんでした。

しかし、お肌がきれいになるにつれてファッションへの意識が高まり、

「自分のお金で自分の好きな物を買いたい!」

という気持ちがどんどん膨らんできました。

「何とか、農業をやりながら自分の収入が得られるようになりたい！」

……それが、どっぷりと美容の業界に入っていったきっかけでした。

こうしてはじめは農業の傍らでできる化粧品販売からスタートし、だんだん軌道に乗ってきたところで、エステティックサロン経営、アロマテラピー・エステティック・食育の資格スクールの運営など、自分がやりたい！　と思ったことにだんだん手を広げていくようになりました。その途中には、村からの猛反対もありましたが……（笑）。今はどのビジネスもそれなりに安定していますが、ここにくるまでには人に言いたくないような失敗を数多く重ねてきました。

また、身近な人が失敗する姿もたくさん見てきました。

今になってみると、その失敗の多くが「先に知っていれば防げたこと」であることがよくわかるのです。

この本を手にして下さったあなたには、そんな無駄なことをして欲しくない。

是非、この本を最後までお読みになって、幸せ行きの切符をご自分の力でつかんで下さい。

実際に儲かったかどうかはこの粗利からさらに諸々の経費（家賃、水光熱費等々）を引いた「営業利益」で見ることになりますが、まずは日々「売上」だけでなく「粗利」に注目する習慣を身につけることが利益体質への第一歩です。


ちなみに、ひと月にかかる経費を粗利率で割ると、月々必要のおおよその売上高が求められます。

仮に、月に15万円の経費がかかり、店全体としての粗利率が8割であれば、少なくとも月々18万7500円の売上が必要となります。


くれぐれも、「経費が15万だから15万売上れば赤字にならない」という計算はしないように！！

数字に強くなって、利益の残る繁盛サロンを目指しましょう！！

年収としてはどのくらいなの？

はじめは法人ではなく個人事業として開業される方がほとんどかと思いますが、個人事業の場合、売上から経費を引いたものがすべて「所得」とみなされます。

この所得＝年収と考えられますが、経費の使い方によってその比率は異なります。（ちなみに最も差がつく経費は家賃。自宅と賃貸店舗では大きく差がでます！）

ですから一概には言えませんが、目安としては以下を参考にしていただければと思います。

年間粗利600万円の場合：年収＝約300万〜400万
年間粗利300万円の場合：年収＝約150万〜180万

自宅サロンの場合、「年収」には含まれない隠れたメリットとして、水道光熱費等の一部を経費にすることが認められています。金額だけにとらわれず、生活全般として捉えることもしたたか開業の重要ポイントですよ！

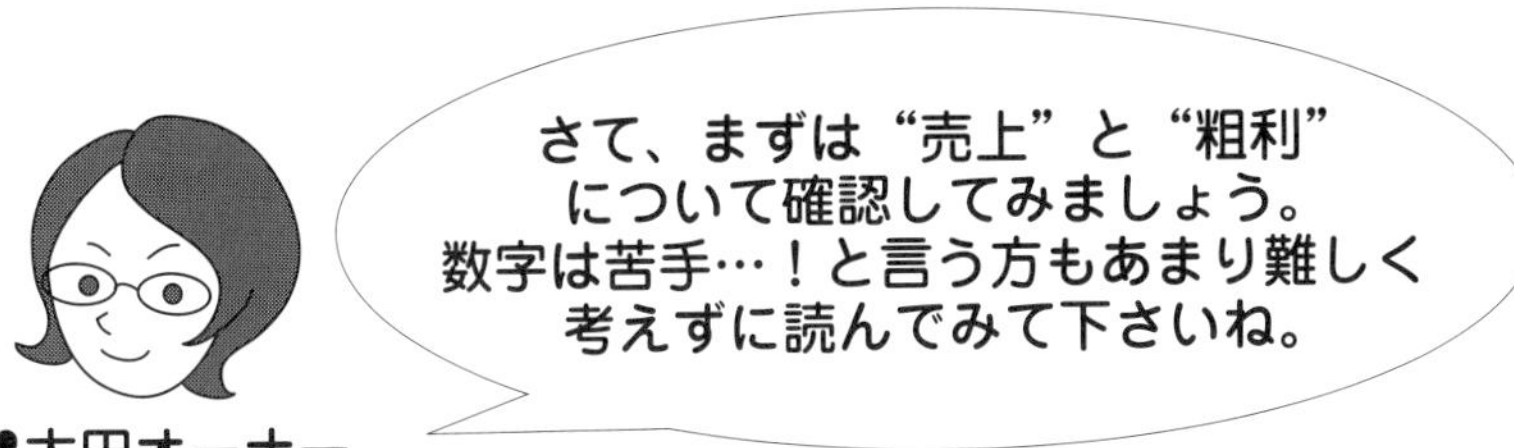

♥太田オーナー

粗利とはなんだろう？

例えば、ある化粧品やサプリメントを600円で仕入れて1000円で販売したとしましょう。この場合、
売上…1000円
粗利…1000円から仕入れの600円を引いた**400円**
となります。ちなみに、仕入れの600円のことは「原価」または「売上原価」と言います。
施術メニューの場合、原価にあたるものは施術に使用する化粧品や精油などの金額です。
売上に占める粗利の割合のことを「粗利率」と言いますが、本書では私が経営していたサロンの数値である施術約90%、物販約40%を目安として使っています。

私がなぜ目標として「売上」ではなく「粗利」を挙げるかというと、同じ売上でもどのような商売をするかによって残る額が変わってくるからです。

10万円の売上があったとしましょう。この売上が施術によるものであっても物販によるものであっても、10万円という売上の数値は変わりません。しかし、粗利は大きく異なります。

上記の目安の数値をそのまま使って計算すると、
施術売上10万円×粗利率90%=9万円
物販売上10万円×粗利率40%=4万円　となります。
同じ売上でも粗利には差がついていることがわかりますね。

粗利 600 万円の経営モデルパターン

ご自身の計画と比べてみましょう

スタート
あなたの目指すサロンは？

店舗を借りる

オープン当初
売上目標 60 万円 / 月

さらに拡大したい方はスタッフ雇用にチャレンジ！

自分 + スタッフ 1 名
120 万 / 月にチャレンジ！

自分 + スタッフ 2 名
300 万 / 月にチャレンジ！

自宅サロン

オープン当初
売上目標 30 万円 / 月

3 年後までに
60 万円 / 月にチャレンジ

さらに頑張りたいならこちらへ

これが無理なく仕事して、
確実に粗利 600 万円を儲ける
理想的なプランです。
まずはオープンから
6 ヵ月で売り上げ 180 万
を達成させることが、個人サロン
成功のひとつの目安ですよ！

自宅サロンの場合の経営モデルプラン

◉開業半年

売上　300,000 円（客単価 1 万円 ×30 名）
施術　260,000 円
物販　40,000 円
-（マイナス）原価
材料費　26,000 円 (施術売上の10%)
商品代　24,000 円 (物販売上の 60%)
粗利益　250,000円
-（マイナス）毎月決まって出ていく金額
50,000円（家賃、水道光熱費など）
営業利益　200,000円
お給料（収入）　150,000円
-（マイナス）開業　50,000円
残金　0 円（できれば貯金を！）

◉開業から半年以降は年間粗利 600 万円に挑戦

売上　600,000 円（客単価 1 万円 ×60 名）
施術　520,000 円
物販　80,000 円
-(マイナス) 原価
材料費　52,000 円 (施術売上の 10%)
商品代　48,000 円 (物販売上の 60%)
粗利益　500,000 円
-(マイナス) 毎月決まって出ていく金額
100,000 円（家賃、水道光熱費など）
営業利益　400,000 円
お給料（収入）　250,000 円
-(マイナス) 開業費
50,000 円
残金　100,000 円

店舗を借りる場合の経営モデルプラン

売上		**600,000 円（客単価 1 万円 ×60 名）**
	施術	520,000 円
	物販	80,000 円
-（マイナス）原価		
	材料	52,000 円（施術売上の10%）
	商品代	48,000 円（物販売上の 60%）
粗利益		**500,000円**
-（マイナス）毎月決まって出ていく金額		
		250,000 円（家賃、水道光熱費など）
営業利益		**250,000 円**
お給料（収入）		**200,000 円**
-（マイナス）開業費		
		50,000 円
残金		**0 円**

※自宅サロンで一人で営業していると、売上の限界はだいたい 60 万円です。これ以上頑張るなら、店舗を借りてスタッフの雇い入れることにチャレンジしましょう！

※お給料は一般的にはランニングコストに含むべきなのですが、個人サロンの場合は、自分の給料は「営業利益が出たら払う」という前提で計画しておいたほうが確実。

※開業費は、開業時にかかった器材費、販促費、内装費などを指します。会計上は、最大５年間かけて償却していくことが可能です。開業時に現金で全部支払済という場合は気にする必要はありませんが、借入れなどを起こした場合は、金利も含めて３年間で支払えるよう計画しておくことをおすすめします。

※このモデルプランで残金ゼロにっているものも、できれば月々貯金ができる計画を立てましょう。資金があれば、次の展開（器材の入れ替え、内装のリニューアル）に備えられます。３年ごとに何らかのリニューアルが行える状態になればベスト。

contents

Chapter 1

開業前 成功の法則10

Chapter 2

開業時 成功の法則10

Chapter 3

開業後 つまづきから脱出するための法則10

Chapter 4

Q&A お悩み相談室

Part 1

開業前
成功の法則 10

あなたの目指すサロンとは？

幸せ生活を手に入れるために、まずはあなたの目指すサロンの方向性をはっきりさせましょう。どんなことでもかまいませんので、あなたの理想のサロンのキーワードを書いてみて下さい。すでに開業されている方は、現在のサロンの特徴をご記入下さい。

お店のイメージは？
洋風？　アジア風？

どんなお客様に
来てほしいですか？

どんな施術を
どのくらいの値段で提供したいですか？

そこで働いている自分はどんな
イメージですか？

書けましたか？
それではもう一度、ご自分が書かれた内容を眺めてください。
夢がふくらんでいる方は、もっともっとふくらませてみましょう。
はっきりとイメージできるようになりましたか？
それでは、そのイメージをリアルに描きつつ、この次のページにお進み下さい。

成功するための転ばぬ先の魔法の杖！

開業前に知っておくべき10の法則

さて、本題です。まずは失敗に繋がらないための、転ばぬ先の魔法の杖として、多くの方がはまりやすいパターンをご紹介しながら成功思考に頭を切り替えるためのノウハウをご紹介します。

個人サロンの開業ノウハウはほとんど世の中に出回っていないこともあり、「成功する」以前の問題でつまずいてしまう方を本当に多く見ています。

開業を目指すと、「あんな風にしたい、こんなサービスがしたい…」と夢が広がります。反面、実際に開業にかかるお金のことを考えると、ちょっと怖くなってきます。

結果、こじんまりと小さくまとまってしまうか、投資しすぎて回らなくなるか、というパターンにはまりやすいのです。

そこで、まずは心構え的なことを中心に、「経営者」「成功者」としての発想を身につけるために、反面教師としての失敗パターンをどうしても先にお伝えしておきたいのです。

もしかすると、既に開業されている方にとっては、耳の痛い、見たくも聞きたくもないようなことも含まれているかもしれません。でも、できれば我慢してお読みいただき、現実を直視することをおすすめします。

これから開業される方は、先ほど膨らませたイメージと比較しながらじっくりとお読みになり、ご自分の開業プランを見つめなおしてみて下さい。

見つめなおした後に、幸せな生活が手に入ることが確信できたら、あなたのプランは必ず実現できます！

そうでない場合は、もう一度ご自分のプランを練り直すことが必要です。

まずは、この章をキモチに余裕を持って、「笑顔」で読めるようになっていただくことが幸せ生活への第一歩です。

1

「プライベートサロン」にこだわらない！

これさえ心得れば成功する！　人気店・繁盛店づくりの鉄則

少人数・高単価のサロンはキャンセルのダメージが大きい

まず余程お洒落な家でない限りご自宅サロンでは完全個別対応の「プライベートサロン」というコンセプトは諦めた方が無難です。

実は、このパターンは高級ホテルのスパやサロンと同じ路線。いいホテルに泊まった時に、ちょっと贅沢を味わいたくて行ってみる、そんなご経験はこの業界を志す方なら誰でもあるのではないでしょうか。

しかし、そんなサロンに毎週、毎月通うとなるとどうでしょう？

「自分にご褒美」ということで、ごくたまに足を運ぶことはあっても、足しげく通うことはないのではないでしょうか？

ホテルは宣伝や広告をバンバン出しますし、宿泊者に対してのアプローチも出来るのでそれなりの集客ができるかもしれませんが、個人でそこまでの集客活動をするのはなかなか難しいものです。

さらに現実的なことを言えば、少人数・高単価のサロンの場合、キャンセルが入ったときのダメージが大きいのです。1人がキャンセルになるだけでその分の売上がなくなり、ぽっかりと2時間くらいが空いてしまうのです。

プライベートな空間は演出しにくいことを知ろう

プライベートサロンで最も多い失敗のケースとして、「あなただけのためにゆったりとした時間を…」とうたっているのに、前のお客様の施術が長引いて、次のお客様が到着してしまうということが挙げられます。

対応できるのはとりあえずあなただけだとすると、先のお客様に一旦お待ちいただいて、次のお客様にお待ちいただくお声をかける必要があります。

ここでパニくってしまうと、その焦りは確実にお客様に伝わってしまいます。先のお客様には、一番大切な最後のしめくくりのところでバタバタされて、優雅な気分も台無し、と思われる可能性がありますし、次のお客様には「予約してきたのに何で待たされるの？」と施術前から不満をもたれてしまいます。

さらに、ここだけで済めばまだ良いのですが、次のお客様にも時間がかかり、さらにその次のお客様もお待たせしてしまう……という最悪のパターンにハマることが多いのです。

「じゃあ、予約と予約の間に余裕をもっておけばいいんじゃない？」

その通りですね。しかし、それをすると、1日に対応できる客数がさらに減ります。そうなると、さらに高い客単価が必要となります。単価が高くなると、さらに求められるレベルが高まります。

どうでしょう？　自信を持って「やれそう！」と思えますか？

複数のお客様を同時並行で進められる力を身につける

さて、ここからは逆の発想です。私がおすすめしたいのは、複数のお客様を同時ポイント!

並行で進行できる力を身につけることです。

ピンとこない方は、「美容室」をイメージしてみて下さい。美容室では、一人の美容師さんが同時並行で複数のお客様の施術をしている姿を見ることがありますよね?

例えば、パーマやカラーの薬剤をつけてしばらく放置をしている間に、他のお客様のカットやブローをしていたり…という、あれを上手にマネするのです。

パックをしている間に他のお客様のトリートメントをするなど、メニュー構成をうまく考えれば同時並行は十分可能。あのような進め方をすれば、同じ時間を費やしてもより多くの客数をこなすことができ、売上も安定してきます。

一番のメリットは、「お友達と一緒にどうぞ!」というアプローチができること。

サロンは「敷居が高い」と感じる方がまだまだ多いですが、初めてのサロンでも、お友達と一緒なら少しは気楽ですよね。

一緒にお越しいただき、同時に簡単なプレカウンセリングをしてしまい、20分ほどのズレで施術することができれば、先に終わった方にはお茶を飲みながら待っていていただけます。個別のカウンセリングはクレンジングをしながらお1人ずつじっくり行い、最後のパックをしている間にアフターカウンセリングと次回の予約を個別に取ってしまいます。2回目以降はそれぞれのご都合に合わせてお越しいただければOK。

ポイント！

小さなサロンにとって、1人と2人の差は非常に大きいもの。同じ時間を効率良く使い、売上を確保する発想を今のうちから持っていて欲しいと思います。

また、「ベッドを2台置くには狭すぎる…」という場合は、1台を折りたたみ式にしておき、普段は1台のみにしておくようにすればOK。

いずれにしても、ベッド1台のみでお店をオープンさせるのはあまりにももったいないですよ！

「プライベートサロン」にこだわらない

ポイント！

また、お客様は「他のお客様」の姿を見て安心するものです。プライベートサロンと言えば聞こえはいいですが、いかにもガランとしていて、他のお客様の気配が全く感じられないようでは逆に不安になる方も多いのです。

理想は、前のお客様が施術が終わってハーブティーでも飲んでリラックスしているところに次のお客様がいらっしゃる…という状態。

こうすると、お店が活気づき、繁盛している人気サロンという印象を与えることができます。この演出を、「狙って」予約を入れていくことが重要です。

もちろん、すべてのお客さまを同時に施術する必要はありません。「完全個別対応」「プライベートタイム」を重視されるお客様がいらっしゃれば、そういう方にこそ高単価なスペシャルメニューをおすすめすれば良いのです。

あなた自身の力と自信、資金力が高まれば、いつでも優雅な高級サロンに変更することは可能です。はじめは自分自身の資金や力を冷静に捉えて、「力相応」のサロンを開くことは幸せ生活への近道であり、高級個別対応サロンの夢を叶える近道でもあるのです。まずは、力相応に、確実にご満足いただけるサロンを目指しましょう。

2

これさえ心得れば成功する！ 物件探しの基本ルール

「安さ」だけで場所を選ばない！

ビジネスはいかに低い投資でいかに多くの利益を回収するか、という勝負ですから、家賃が安いに越したことはありません。

しかし、「安さ」だけで物件を選ぶのはあまりにも危険です。「安かろう、悪かろう」という言葉がありますが、家賃にはズバリこれが当てはまります。７つの物件でサロンを運営してきた経験を元に、以下に物件選びのポイントをご紹介しましょう。

立地条件は、集客のしやすさで選ぶ！ 部屋は1階か2階！

まず、個人がゼロからサロンをスタートする場合、絶対譲れないのは立地。狭く

ポイント！

ても、古くても、とにかく集客しやすい場所を選ぶことを第一優先に考えて下さい。

中でも重要なのが「1階か2階」であること。

3階以上のサロンは、通行者になかなか存在が伝わらないからです。また、顧客の心理を考えても、なんとなく雰囲気がわかる1、2階の店ならまだしも、3階以上の場合は知り合いの紹介でもなければ不安で足を運びにくいと感じてしまうことが多いのです。大手のサロンが4階、5階でも勝負できるのは、ネームバリューがあることと、宣伝広告費がかけられるからです。ですから「安いから3階に」という発想だけは絶対にやめて下さいね！

そして、できる限り人通りが多く、且つ狙っている客層（年齢層、主婦やOLなど）が多い場所を選ぶことがポイント。店舗を借りたい！　と思い立ったら、まずは出店したいエリアを実際に歩いて、人の流れや客層をよく観察してみましょう。

周りに洋服屋さんや雑貨屋さん、美容室など、女性をターゲットとした店舗が多く、さらにお客様がよく入っているようなら狙い目。そのうえで、借りようと思う店舗が目につきやすい場所にあるか、看板をどこにつけられるのかをチェックし、お客様の目線になって検討しましょう。

また、地方であれば、駐車場が確保できるかどうかも重要な要素です。駐車場が用意できなくても、近所に大型スーパーやドラッグストアなどがあればお買い物のついでにこっそり使わせてもらうこともできますので、周囲の環境も含めてチェックしましょう。

物件のレイアウトは、ベッド2台が十分置けるスペースを

立地が申し分ないようなら、今度は物件そのもののレイアウトをチェック。

スムーズに仕事をこなせるレイアウトになっているかどうかを判断しましょう。

施術スペースはベッドを2台（1台は折りたたみで可）置いても十分なスペースを確保した上で、施術に必要な美容機器やホットキャビンを使いやすい場所におけるかどうかチェック。コンセントの位置や数なども確認しましょう。お化粧・お着替えスペースなどは、狭い物件なら部屋の一角にカーテンをつけてしまう等の対応でOK。施術ルームのドアの位置が、施術中にも出入りしやすいかどうかもポイン

トです。パックの間に次のお客様の準備をしたり、お茶を運んできたり、何かと施術中の移動は多いもの。スムーズに移動できるレイアウトを実現できるかどうかよく考えましょう。

次に、お客様には見えない部分ですが、水周りや、洗濯機を置けるスペース・位置なども重要な要素。これについては主婦的な目線で、洗面所や台所の使いやすさと同じようにチェックをすると良いでしょう。当たり前ですが、短い時間で仕事ができるほど効率がよくなり、より多くのお客様を受け付けることができますし、お客様をお待たせする時間も短く済むため、満足度も高まります。

ポイント！

さらに、トイレの場所もチェック！　洗濯機等の「裏方スペース」を通過することなくお手洗いにいっていただけるかどうかはサロンのイメージに大きく関わりますので十分気を付けましょう!!

尚、不動産屋さんはエステティックやアロマテラピーのサロンに必要な要素をよくわかっていない方も多いので、そういうものだと踏まえた上で付き合うこと。

美容室と混同して、シャンプースペース並みの必要以上に豊富な水回りのある物件（そして必要以上に高い！）を薦められたりするようなケースがよくあるのです。サロンに必要なこととそうでないことをわかっていただけるよう、しっかりコミュニケーションを取りましょう。

物件選びの指針となるよう、金額の安い高いだけではなく、「その価格に見合った価値のある物件か」ということをしっかり見極められるよう、チェックリスト（左ページ）を作成しましたので、「これは！」という物件が見つかったら、まずはこのチェックリストで冷静に判断をしてみましょう。

もちろん、「完璧な物件」というのはなかなかありませんので、とにかく立地と路面店であることを第一優先に、他は予算との兼ね合いを考えながら、今の自分に相応しい物件を見つけて下さいね。

不動産選びのチェックポイント

	チェックポイント	チェック欄
立地・外部環境	**路面店（1F）である** すでに顧客を持っていて、リラクゼーション重視のサロンにするなら 3F 以上も可。階段でも登り降りしやすい 3F までがおすすめ。私は、何かあった時に飛び降りても死なない（笑）、ということで、2F にするようにしていました。	
	近隣の環境が良い 怪しげな店がある、人通りがないなどの立地はパス！	
	近所に喫茶店・コンビニがある お客様が施術の前後に軽く食事をしたい、時間をつぶしたい時などに喫茶店やコンビニが近くにあると便利。私は近所の喫茶店のコーヒーチケットを買ってお客様に配っていましたが、とても喜ばれました。	
	自分自身の買い物ができる店が近くにある お昼や夕食の支度など、サロンの近くで済ませられると便利。	
	ビルの 1F に 24 時間営業の店舗がある または、同じビルの中に大家さんが住んでいる。 夜の時間帯は、女性 1 人ではちょっと不安。1 階にコンビニがあるなど、常時人がいてくれると、お客様も自分も何かと安心です。	
	駐車場が確保できる。 駅のそばなどアクセスの良い場所なら近くに有料 P があれば OK。アクセスが不便な場合はサロンで駐車場代を負担すること。大型スーパーやドラッグストアなど、大きな駐車場を持っている店舗の近くも狙い目。	
	店の近くに車を停めることができるスペースがある。 荷物の積み下ろしなど、ちょっとだけでも停められると便利！	
	電話で場所の説明がしやすい。 近くに目印がある、もしくは自らが看板などの目印をつくれると GOOD。	
内装・レイアウト	**音が静か** フローリングや打ちっぱなしの物件は、靴音などが響きやすいので注意！上の階、両隣の店舗や事務所などの音もれや、階段を歩く音などもチェック！昼間だけでなく夜の時間帯の状態も必ず確認を。	
	コンセントを繋げる箇所が多い または、コンセントの工事がしやすい物件だと、ストレスなくレイアウトの変更ができるなど、なにかと便利です。 ちなみに、水回りは目立たないようにできれば意外とどこにあっても困りません。	
	ベッドが空調の真下にならない 顔や体に風がかかるのは不快!!　空調の真下にベッドを置かざるを得ない、というレイアウトは避けましょう。	
	洗濯機や乾燥機を置く場所が確保できる 目立たないところに置ける、もしくはうまく隠すことができるレイアウトがおすすめ。	

個人サロンなら、事務所仕様の物件やワンルームでもOK！

不動産屋さんはサロンの仕事の内容をよくご存知ないことがほとんど。美容室並みの水回りが必要だと思っていたり、いわゆる「店舗」としての物件ばかり薦められることも十分考えられます。

でも、個人のサロンなら、いわゆる「事務所」としての物件や、ワンルームマンションなどでも十分。店舗物件は敷金が大体6カ月、打ちっぱなしで配管などを含めた工事が必要になる場合が多いですが、事務所等であれば内装の手直しだけでよく、敷金も3カ月程度のことが多いので、開業コストも安く済みます。「予算はこれだけ」「店舗物件でなくてもOK」であることは事前にはっきり伝えましょう！

地域振興事業や補助金もチェック！

地域活性化のために、地方自治体が開業する人をバックアップする様々な事業を行っていることがあります。静岡のある地域では、商店街の活性化のために、新規出店する方には、1年間家賃を免除してくれるという嬉しい取り組みが。自治体の取り組みをうまく活用すると、市や町が不動産屋さんを紹介してくれることになるので非常に安心です。開業したいと思ったら、まずは地元の補助金などをチェックしてみましょう。

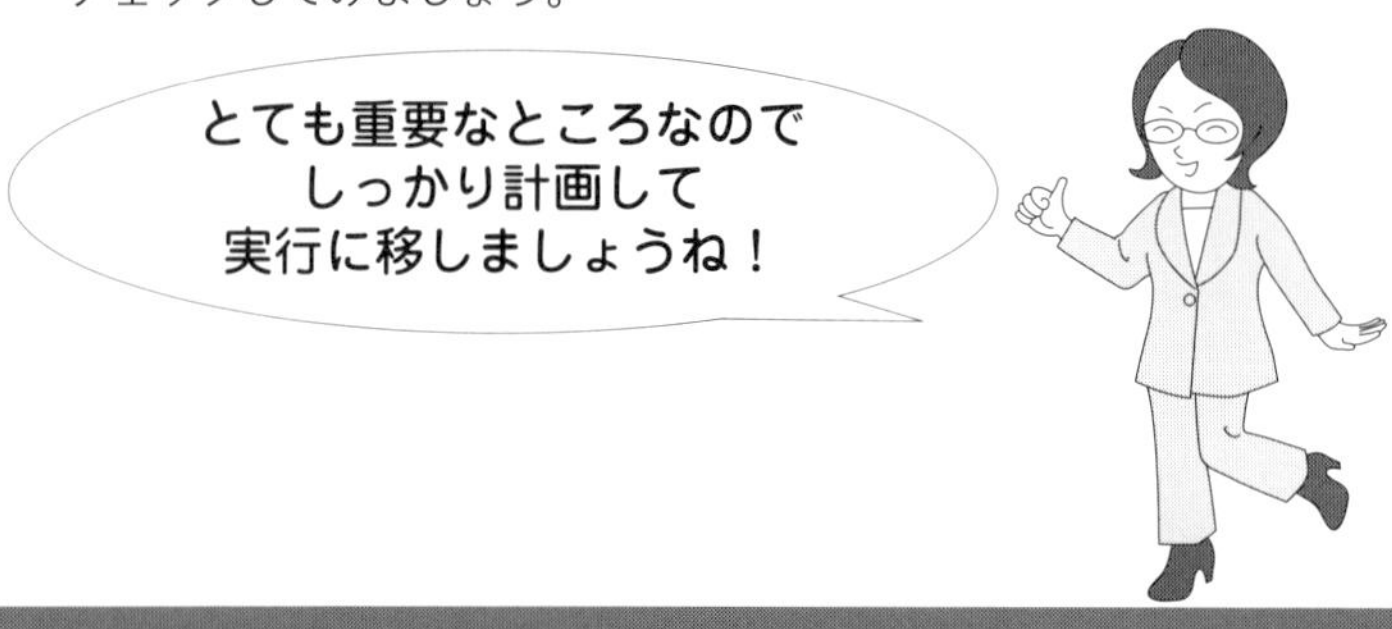

物件選び
～不動産屋さんとお付き合いする心構え～

不親切で当たり前！
親身になってくれたらラッキー！という気持ちで

不動産屋さんにとって、個人サロンのような小さな物件を扱うことは、「あまり儲からない手間をかけたくない仕事」であるということを大前提として認識しておきましょう。それをわかった上で、何とか協力してもらおう！という姿勢が大切です。

なるべく１人で探さず、どなたかに紹介してもらおう

不動産屋さんにとって「おいしい仕事」ではない以上、表玄関からドアを叩いてもなかなかいい物件に巡り合えない可能性大。あらゆるツテを使って、信頼できる不動産屋さんを紹介していただけるとよいでしょう。その際、紹介して下さる方には感謝の気持ちを十二分に伝えることも忘れずに！　いわゆる「いいお客様」を紹介するならいい顔ができますが、「おいしくないお客様」を紹介するというのは進んでしたいことではないと思いますので、そのあたりをしっかり理解しておきましょう。

また、借入をすると、銀行に不動産屋さんを紹介してもらえるという隠れたメリットもありますので、是非有効活用を。

出店地域に最も近い不動産店と最大手の２つをチェック

情報は必ず２カ所からいただくのが私流。大手の不動産屋店にはネットで検索するシステムがあるので、自分で探すことができ、物件の数も豊富。ある程度の情報量をチェックすれば、それなりに相場もわかるようになるので、交渉をする時にも役立ちます。

また、出店地域の地元店は、他には出ていない掘り出し物件を持っていたりすることもあるので見逃さないように！

3

これさえ心得れば成功する！　備品内装基本ルール①

初期投資するべき的は絞る！

繰り返しになりますが、ビジネスはいかに低い投資でいかに多くの利益を回収するかの勝負ですから、投資は最低限にしたい、という発想はごもっとも。

はじめから高級サロンを開業しようとしてしまうよりは、危険度は低いです。

しかし、投資に慎重になりすぎるのも問題です。何もかも安いものを優先してしまうと、お客様から見て簡素なつくりのサロンになってしまうだけでなく、仕事にも支障をきたすことがありますのでお金をかけるべきところとそうでないところを押さえましょう。

ポイント！

お金をかけるべきは洗濯機と乾燥機

サロンには大量のタオルやガウンの洗濯がつきもの。その割に、洗濯機や乾燥機のことは、美容機器や備品に比べて予算を低く抑えてしまう方が多いのです。パワーがあっても音が静かなものであれば、施術中に運転していてもお客様にご迷惑にならず安心。しかし、うるさくて施術中は使えない…となると、営業時間外に洗濯しなくてはならなくなり、その分自分の時間が減ってしまうことになるのです。この時間をお金で買えると考えれば、十分に投資価値があるはず。

ビジネスをしていく上でも、投資をする際は単に金額だけを見るのではなく、時間や効率の面からも考える習慣を身に付けていきましょう。

尚、洗濯機と乾燥機の一体型タイプは省スペースにはなりますが、後から洗濯ものが増えても乾燥中は洗濯できないので（当たり前ですが）意外に不便なことも。できれば別々に用意することをおすすめします。

ベッドは中古品でもいい物が購入できる

逆に、投資金額以上に良いものが用意できる代表格は「ベッド」。実はいいものを中古でゲットすることができます。特に機能があるわけではないので、寝心地さえ良ければ中古でも全く支障ありません。何もかも中古ではちょっと淋しいかもしれませんが、資源も有効に活用できるリサイクルは積極的に使うべき！

ただし、どんなに安くても定価が10万円以下のものはNG！　定価10万円を切ると見た目はよくても長時間寝ていると身体が痛くなるものが多いのです。ベッドの良し悪しはお客様の満足度に直結します。

ポイント！

「予算を削る」のではなく、「同じ予算でより良いものを買う」という発想をしておくとよいかもしれません。

新品での定価が10万円以上で、寝心地がよくしっかりとしたつくりのものであれば安心です。定価はネットなどで調べればすぐわかりますし、中古販売の業者さんも教えてくれます。中古のものはいつでも在庫がある訳ではありませんので、確実にゲットするためには開業の6ヶ月以上前には手配・注文をしておくことをおすすめ致します。

尚、信頼できる中古屋さん選びのポイントは、「新品も扱っている」かどうか。

中古専門業者は美容のことを全く分かっていない場合もありますので、ご注意ください。中には、見た目はピカピカでも中身は…というモノを販売している業者さんもいるので要注意です。また、美容機器を購入する際は、アフターフォローのことまで確認しておくこと。

万一故障して修理に出す場合、代替品を用意してくれるのか（車検や車が故障した時の「代車」のようなものですね）、故障した機械を修理に出す手段（送るのか？取りに来てくれるのか？）などは、しっかりと聞いておきましょう。

とにかく、かけるところにはお金をかける、締めるところは締める。

この発想で、同じ資金をフルに活用しましょう。

4

これさえ心得れば成功する！　備品内装の基本ルール②

内装費に注ぎ込みすぎない！

とにかく計画的に購入すること

内装はお客様から持たれるイメージを大きく左右する部分。
かけるべきところにはお金をかけよう、ということで、
「内装やインテリアにはこだわりたい!!」という方も多いと思います。
しかし、前項目でもお伝えしたとおり、
「かけるところにはかける」べきですが「締めるところは締める」ことも必要です。

あまりにも多いのが、計画なしにまずやりたいこと、買いたいものにお金を使ってしまい、本来かけるべきところにかける資金がなくなってしまった……というパ

ターン。どんなにステキな内装や調度品が揃ったとしても、肝心の施術や接客に関するものがお粗末では話になりません。

お店でひとめ惚れしたその傘立ては、本当に必要なものでしょうか？　そのライトスタンド、結構なお値段ですが、お客様のご満足に関係あるのでしょうか？

欲しいもの、ステキなものを優先させていたら、お金がいくらあっても足りません。

逆に、「ここは見えないからいいや」と家具の後ろの壁紙に安いものを使ったりすると、後でレイアウトを変更したいと思ったときに張り替えなければならず、かえってお金がかかってしまったりします。

自分の思い通りの内装やインテリアを揃えるのは、事業が軌道に乗って、安定した収入が得られるようになってからのお楽しみにしても遅くありません。

内装はやり直しが効かないからこそ、慎重に選ぶこと！

それではつまらない！　というお気持ちもよくわかりますので、まずは一点豪華主義からスタートしてはいかがでしょうか。

例えば、ドリンクを提供する際のカップだけは一流のものにしてみる。

スリッパや洗面タオルを高級なもので揃える。本当にいいものであれば、ピンポイントでも、お客様にとってはインパクトが大きいものです。

むしろ、すべてが高級品のサロンよりも、より強く印象に残る可能性もあります。

尚、余談ですが、内装は投資額も大きく、なかなかやり直しが効かないからこそ、知り合いや身内に気安く頼まないこと！

明らかに腕がいいことがわかっている方に「確実に素敵にしてもらう」ために頼むのであれば問題ないですが、「安くしてもらう」ことを目的に、評判もよく知らずに頼むのは危険！

途中で変更したくなったり、意見が言いたくなっても言いにくい場合もありますし、結果が気に入らずトラブルになると、人間関係まで失うことになりかねません。

特に、ご主人の身内に頼むのはくれぐれもご注意を！


左に必ず用意すべきもの、必要に応じて用意するものをリスト化してみましたので、オープンの際は是非チェックを！

購入するべき商品 & 器材

開業準備を始めると、あれもこれも…と必要なものが出てきます。「思いついた物から買っていたら、資金が足りなくなった！」などということがないよう、最低限必要なものをまとめてみました。メニューが確定したら、まずはこのリストのものから用意しましょう。

必ず準備するもの	購入のポイント	新品	中古
ベッド	ボディとフェイシャルが兼用できるものを 2 台用意。中古なら 1 台分の料金で 2 台購入可能	○	◎
チェア	動きがスムーズないいものを安く。中古なら半額。	○	◎
フェイシャル機器（超音波・イオン導入）	なくても何とかなるのですが、あれば本格サロンの雰囲気が演出でき、不慣れなエステティシャンの安心材料となります。超音波とイオン導入は複合機ではなくそれぞれ個別の物を購入するのがおすすめ。2 人のお客様に同時に使うことが可能となります。	○	○
ホットキャビン	新品を用意。	○	×
ワゴン	新品を 2 台準備。キャスターの音が静かなもの	○	×
タオルケット	1 ベットに厚地 2 枚、うす地 1 枚	○	×
シーツ、カバー類	1 ベットに 4 枚以上必要。色数が少ないので店のメインカラーを早く決めること。	○	×
タオル	タオルは、フェイシャル用、ボディ用、脱毛用と 3 種類用意。	○	×
ガウン	ガウンは、厚すぎず乾きやすいものがおすすめ。	○	×
スリッパ	季節ごとに変えて気分よく。	○	×
白衣	常に清潔感のあるものを身に付けましょう。	○	×
コットン、ガーゼ、スポンジ、マスク	安くてよいものがあります。	○	×
ボール、スパチュラ、ガラス類	100 円均一ショップで見つけてください。	○	×
洗濯機、乾燥機、掃除機、ドライヤー	音が静かで高性能のものがおすすめ。	○	×
電気ポット、魔法瓶、タイマー	各 1 台を準備。魔法瓶はお茶を作って入れておくと便利。	○	×
コーヒー、紅茶等のカップ	センスの良いものを	○	×
音楽、香り、消臭スプレー	サロンの雰囲気づくりのために重要な要素です。	○	×
カルテ	市販のものを参考にしながら、自分流にアレンジしていくことをおすすめします。大手サロンのものも勉強になりますので、お客様として行ってみるのもいいですよ	○	×
予約ノート	お店用と持ち歩き用に 2 冊必要。（私は、歯医者さんの予約ノートを使いました。）	○	×

必要に応じて準備するもの	購入のポイント	新品	中古
脱毛機器	新品をスターターキットで格安で購入。	○	×
美顔機	中古だと半額。入手が難しいので早めに注文。	○	◎
高、中、低周波	高額メニューの展開に活躍。中古で半額。古い機種も格安。	○	◎
消毒器	新品。機器部品の殺菌に必需品。	○	×
カウンセリング機器	こだわりすぎると活用が難しい。エステより物販に向いている。	○	○

5

これさえ心得れば成功する！　器材の選び方

他店との差別化をするのは器材ではなく「あなた自身」

業者に言われるがままに器材を導入しないこと！

サロン開業のために様々な準備や情報集めをしていると、器材や化粧品などの業者さんからいろいろな提案があることと思います。

多くの場合、業者は「この器材を入れることで他店との差別化ができます」「この器材はお客様からの人気が高いので、集客が期待できます」というセールストークで迫ってきます。決して嘘を言っている訳ではないのですが、その言葉をくれぐれも鵜呑みにしないように。どんなにいい器材を入れたとしても、**器材がお客様を呼んでくれる訳ではありません。**それを使いこなし、ＰＲするのはあなた自身。

開業前 成功の法則 .5
他店との差別化をするのは器材ではなく「あなた自身」

このことをしっかり認識しておかないと、業者に言われるがままに使いこなせもしない高い器材を買ってしまうハメにもなりかねません。

ポイント!

業者の意のままになってしまう要因は、情報不足にあります。

ひとりでサロンをやっていると、業界の現状や他のサロンがどんなことをしているのかという情報はなかなか入ってこないものです。

そんな中、いろいろな情報をくれる業者はありがたい存在。

ついつい全面的に頼りたくなりますが、あくまで主導権をにぎるのはあなた。

自分のサロンのコンセプト・現実的に確保できそうなお客様に合わせたメニュー構成をしっかり頭に入れておくことです。そして、それに合った器材を揃えていくことが、業者と長く楽しくお付き合いするコツといえるでしょう。

また、業績が思わしくない時に「不況ですから、今はどのサロンさんも大変ですよ」などと言われて「うちだけじゃないのね」と安心してしまうパターンが多いのも問題です。

不況でも繁盛しているサロンはたくさんあります。

業者からの情報だけで判断して努力を怠ってしまったり、余計な投資をしているようでは幸せ生活はなかなか手に入りません。

ポイント！

とにかく、器材だけで他店との差別化ができると思わないように！
本当の差別化ができるのは、あなたというエスティシャン・アロマセラピストの実力次第です。

逆に言えば、高い器材がなくても、メニューや施術の工夫しだいで差別化は可能ということ。自分の力を信じて、器材を導入する際は慎重に検討しましょう。

まずは、確実に利益を上げること。
コンスタントに利益を上げられるようになってから、お客様のご要望にあわせて、新メニューや器材の導入を検討してみてはいかがでしょうか？

6

これさえ心得れば成功する！　器材の購入方法

器材は「リース」より「買い取り」！

リースよりも借り入れ！

器材を購入するにはまとまったお金が必要。

そこで、メーカーから「リース」をすすめられるケースも多いものです。

月々一定額を払うことで器材を借りることができるリースは便利な仕組みですが、私個人としては、おすすめしたくありません。

考え方は人それぞれだと思いますが、私は**「リース」よりは銀行などから借り入れを行い、購入することを選びます。**


「借金をすすめるの!?」ここで拒絶反応を起こされた方も多いかと思いますが、借り入れをおすすめするには訳があります。

ポイント！

まず、**リースは、月々支払う額は少ないですが、金利がつくため、実際に購入するより高くつきます。**クレジットカードに「リボ払い」というのがありますが、それと近いイメージと言っていいでしょう。

且つ、意外と知らない方が多いようですが、途中解約すると違約金がかかり、事実上解約できないのと同じケースが多いのです。

「機材を買ってしまって失敗したらどうしよう…」と思いリースを検討する方がいらっしゃるようですが、リースでも失敗したら全く同じこと。

クレジットカードの分割払いが何年も続いて金利も取られ、所有権が残らない、となるとどうでしょう？

ちょっと考えちゃうな、と思った方は、再考をお勧め致します。（※リース終了後、買い取れる場合もあります。また、税務的には、リースにすると固定資産税がかからないというメリットはあります。）

借り入れは開業への有効な修行

そして、借り入れを薦めるもうひとつの理由は、借り入れを起こすことは、経営者としての意識を高める最大のトレーニングになると考えているからです。

金融機関からお金を借りるには、きちんとした事業計画を提出することが必要です。念のためお伝えしておきますが、金融機関には「やる気」や「情熱」は一切通用しません（笑）

要は、「計画通り売上を上げることができ、確実に返済をしてくれそうだ！」と思ってもらえるようにしなければならない訳です。

お金を借りることは、自分自身と事業の可能性を試されることです。金融機関から認めてもらえないような計画であれば、そもそも世の中に通用しないと思ったほうがいい。ダメ出しをされながらも、事業計画を作成し、ブラッシュアップすることと通じて、自分の将来とビジネスについてきちんと考え、地に足のついた状態で事業をスタートすることができるのです。

金融機関は、スパルタで自分を育ててくれるコーチのようなものだと思い、是非前向きにチャレンジしてみて下さい。

7

これさえ心得れば成功する！　サロン電話

サロンと自宅の電話を兼用するのはＮＧ！

コストを抑えたいからといって電話を兼用しないこと

さて、投資はなるべく少なく…の続きですが、自宅でサロンを開く場合、はじめはコストを抑えたいので、電話は自宅のものと兼用で、という方が目立ちます。でも、あくまでサロンはサロン。できれば専用の電話番号を用意したいものです。自宅でビジネスをしていると、公私の境目がなくなる傾向にありますが、その典型的な例のひとつがこの「電話」なのです。

自宅の電話と兼用となると、当然、お客様だけでなく友人や親戚などからもかかってくる可能性があります。すべてが自分宛ではなく、ご主人やご家族あての場合もあるでしょう。

そのすべてに「はい、〇〇サロンでございます」と出ることが可能ですか?

「はい、太田です」と名前で出られたら、はじめてお問い合わせを下さったお客様は「ここ、大丈夫なのかな?」「なんかこじんまりとしたサロンなんだな。やめておこうかな。」と不安な気持ちになります。

ポイント!

自宅と兼用にするのであれば、サロンを名乗ることを前提にしておかないとビジネスチャンスを逃してしまうことにもつながります。

また、困るのが、施術中に電話が鳴った時の対応。基本的にはあなたが電話に出ることにしていても、手が離せなくて鳴りっぱなしの状態となると、ご家族やお子さんが出て下さることもあるでしょう。

この時に、しっかりした対応をしていただけそうでしょうか?

業界は違うのですが、以前ある印刷会社に問い合わせをしようとした際、出てこられたのがどうもその家のおばあさん。

「どなたさまですか？　はあ…、誰に電話ですか？」

印刷物について聞きたかったのですが、会社名しかわからないので誰宛と言われても答えられない。あげくの果てには「よくわからないのでごめんなさい。」と電話を切られてしまいました。

間違い電話をしてしまったかと思って番号を調べると合っているし、おばあさんが名乗る名前と会社名は一致していました。本当はいい仕事をしてくれる会社なのかもしれませんが、こんなことではお任せできないと思い、結局その会社への問い合わせはそれっきりとなりました。これは極端な例ですが、あなたのご家族がこういう対応をしてしまっては、サロンとしての信頼はがた落ちです。

また、自宅の電話では営業時間外も電話が鳴ってしまうので、仕事外の時間も対応をしなければならなくなります。悪い意味で公私の境目がなくなってしまうパターンです。

こういうことを防ぐためにも、電話番号は専用にすべきと思います。

携帯電話をサロン専用にする

最近は、固定電話でなくても抵抗がないという方も増えてきましたので、携帯電話にしてしまうのも一つの方法です。その場合も、プライベートの携帯とは分けて、サロン専用のものを用意することをおすすめします。表記は000-0000-0000（サロン専用）とするのが良いでしょう。

とはいえ、固定電話と比較すると信用度が落ちることは否めませんので、積極的に新規客を獲得したいのであれば固定を導入するほうがよいでしょう。
また、営業時間外は、留守番電話にしておくことをおすすめいたします。

8

これさえ心得れば成功する！　ご近所とのお付き合い

「サロンをオープンしてからご近所に挨拶」では遅すぎる!!

先を見据える発想力を身につけよう

店舗を構えるビジネスは、ご近所付き合いが大切。
そこで、オープンの際にはご近所周りをしなくては…という方も多いと思います。
もちろん、これは是非していただきたいこと。
では、何が失敗の元かというと…

ポイント！

「オープンしてから」ではなく「オープン前」からお付き合いを開始できるのに、それをする発想がないことがもったいないと思うのです。

開業前 成功の法則 .8

「サロンをオープンしてから ご近所に挨拶」では遅すぎる!!

オープン前にはこまごまとした買い物が必要となります。

今は100円ショップなど安売り店もありますから、上手に活用してコストを抑えたい…その気持ちも分かります。が、ただ「モノを買う」と捉えてしまう方は、ビジネスチャンスを逃してしまっています。

お茶やタオル、伝票や様々な文房具…。こうした、どこで買ってもいいようなこまごましたものこそ、ご近所で購入すべきです!

その際に「今度どこどこにサロンをオープンしますので、よろしくお願い致します。」とご挨拶しておくのです。まとまった買い物をすればそのお店にとっても良いお客様。開業するとなれば、これからもうちを使ってくれるかも…と、おそらくしっかり話を聞いて、大切に扱ってくれるはずです。

狙いは個人営業のお店!

ただし、コンビニのアルバイトさんに言っても効果はありません(笑)

狙い目はオーナーさん自らが店頭に出ているようなお店や、店員さん自身がお客様となってくれる可能性がありそうなお店。前者は文房具屋さん・お茶屋さん・飲食店など何屋さんでもＯＫですが、後者は洋服店や宝石店等、女性をターゲットしていて、スタッフも身ぎれいにする必要があるようなところが狙い目です。（同業はダメですよ!!笑）

ご挨拶した方が直接サロンに来て下さることもありますし、女性客が多いお店であれば「今度あそこにサロンができるそうですよ」と宣伝してくれるかもしれません。こうしておけば、オープン後にただご挨拶にうかがうよりも、はるかに効果が高くなります。多少コストがかさんだとしても、「宣伝費」と思ってご近所で使うのも有効な投資の仕方なのです。

また、忘れて欲しくないのは、ご自分が「美と夢を売るサロン」のオーナーであるという意識です。**ご挨拶の前に、自分自身の外見のチェックもお忘れなく!!**

あなたはサロンの看板娘。サロンの魅力はあなた自身の魅力で左右されますよ!!

9

これさえ心得れば成功する！　商売のルール

友人や身内でも無料にしないこと！

ご近所へのご挨拶と共に、お友達やご家族にもサロン開業のお知らせをしておきたいものですね。できれば、開業前にモデルとなってもらい、ちょっと練習させてもらうとサロンのオペレーションにも慣れることができ、安心してオープンを迎えられるようになるでしょう。

友達であってもビジネスの基準は守ること

そこで、気をつけていただきたいのが、「無料」で施術してしまうこと。

「オープン前の練習だから」ということで、今回は特別、ということをご納得いただいていればよいのですが、友達だから無料が当たり前、と思われてしまっては大変です。

また「無料だから」ということで来てくれた方の中には、有料だったら来ない、という方もいらっしゃるものです。ビジネスなのですから、最低限の粗利を確保できる金額をいただくべきですし、あなたもそれに見合った仕事をすべきです。

家族や友人からお金をもらえない人は根本的に考えを変えること！

「でも、家族や友人からはお金をもらいたくない」

そう思われる方は、発想を根本的に変える必要があります。家族やお友達からお金をもらえない施術なのに、お客様からはお金をいただくのですか？　発想が真逆です！　ご家族やお友達からも認めてもらい、お金がもらえる施術だからこそ、自信を持ってお客様におすすめできるのではないでしょうか。

ご家族やお友達に「安さ」しか認めてもらえないのであれば、お客様にも認めてもらうことは難しい。まずは、ご家族やお友達にきちんとお金をいただいて「お客様」になってもらい、「あのサロンはいいよ」と宣伝してもらえるようになりましょう！

割引券の発行と活用法

ということで、具体的におすすめしたいのは「割引券」の発行。

500円券・千円券、というチケットを作っておき、これを配布するのです。友人、親戚なら5千円～8千円分くらいプレゼントしてしまってもOK。こうすれば、本来は有料であることが伝わりやすいですし、無限に安くすることも防げます。

何より、もらって「嬉しい！」と感じてもらえます。

尚、パソコンとプリンターで作成して構いませんが、あまり安っぽくならないよう、用紙はそれなりにいいものを使いましょう。それなりにいいものを作っておくと価値が高く見えるので、人に渡してもらいやすく、捨てられにくく、お財布などにしまっておいてもらいやすいのです。

文具メーカーさんがチケット作成用の用紙を販売されていますし、それに合わせたフォーマットをパソコンからダウンロードできるサービスもありますので、上手に活用するといいですよ！

10

これさえ心得れば成功する！　決意を固める

「成功したら家族の理解が得られる」の勘違い

さて、開業にあたって、あなたのご家族、ご主人やお子様の理解は得られていますでしょうか。

余計なお世話！　と言わないで下さい。実は、これまでのパターンの中でも、最も重要なことかもしれないのです。特に主婦としてサロン開業をするとなると、家族の理解は何より重要なことなのです。（独身の方も、今後のために是非お読み下さい。一人で生きていくわ！　という方も読んでおいて損はないと思いますよ。）

せっかくオープンしたサロンを泣く泣く閉めざるを得なかった…そんな方に話を聞いてみると、「家族に理解してもらえなかった」ことが理由であるケースが多いのです。

正直言って、私もこのことでしなくてもいい苦労や周囲との衝突をしてきてしまいました。最終的にはそれなりに成功してお金が入ってくるようになったので、誰も文句を言わなくなりましたが、その途中ではいろいろなことがありました。

今になってみると、最終目的はサロンの開業・運営をすることではなく、「幸せな生活」を手に入れることである、ということを見失っていたのだなあと思います。

エステティックやアロマテラピーの勉強をして、いつかサロンを開きたい……という夢を温めてきた方の中には、かつての私と同じように、サロンをオープンすること自体が目的になってしまい、自分の人生にとって大切なものの優先順位がよくわからなくなっている方もいらっしゃるような気がします。

はじめにも言いましたが、家族との団欒の時間や、友人を失ってまで、サロンを営業したいと思っている方はまずいらっしゃらないと思います。

それなのに、開業しよう！　と思い込んだら、家族そっちのけで仕事に没頭してしまう。ご主人に文句を言われても、「成功したら認めてくれるだろう……」と、とにかく仕事を優先させてしまう。

一時的には仕方がない……とも言えるかもしれませんが、家族が理解してくれていない状態ではどこかに無理が生じます。満たされた、幸せな心理状態ではないので、当然そのことが仕事にも影響してしまいます。

こうなると、いい仕事はできません。ストレスを溜めてギスギスしている人に接客されても、お客様はリラックスできませんよね。

また、美容のプロですからまずは本人のお肌がきれいで、メイクや身だしなみにもバッチリ気を使っていて欲しいのですが、気持ち的にも時間的にも余裕のない状態ではそれも難しい。

仕事と家庭のバランスが取れていないと、結局いいサロン運営はできない、価値のあるサービスは提供できないと思うのです。

自分も家族も幸せな気持ちでいられるよう、成功してから理解してもらうのではなく、開業前から理解してもらい、協力してもらえるよう十分にコミュニケーショ

ンを取っていただきたいのです。

私の場合は、残念ながら開業してからそのことに気付いた訳ですが、何とか家族との関係を良くしようと思い、少しでも利益が出たら主人や姑にまずプレゼントを買ったり、家族のためにちょっとおいしいものを用意したりするようにしました。

例えば、1個千円するりんごを買ってくる。たった千円ではありますが、りんごの値段としてはものすごく贅沢ですよね。それをむいて、家族全員で食べる。やっぱりものすごく美味しいワケです。美味しいものを一緒に食べる幸福感は、千円以上の価値があります。美味しいものを食べると、みんな笑顔になれるのです。

そんなことをしながら、私が仕事をすることによって、仕事をしていないときには得られなかった「小さな幸せ」がもたらされることをさりげなく（さりげなくなかったかも……笑）アピールするようにしました。

それこそ、自分の物など後回しでです。

そして、主人には「本当にあなたのおかげよ」と口に出して何度も言うようにしていました。

成功するまでの間、何とか家族とぎくしゃくせずに乗り切れたのは、たぶんこの2つを実行してきたからだと思っています。

逆に、「ここぞ！」という仕事の「頑張りどころ」もあります。

あと少しで目標の客数が確保できる、あと少しだけ売上が伸びれば人が雇える、あと少しでスタッフが育って任せられるようになる…等々、「ここを超えれば！」という時は、多少家族に迷惑をかけてでも、後々を考えると一時的に仕事を優先させたほうがいいことがあるのです。

そんな時は、頭を下げてでも協力していただけるようお願いすることも必要だと思います。ただし、それが常習化すると家族の不満が募る可能性が高いので、おすすめするのは「期間限定」。

「今頑張れば後が楽になるから、この1か月だけは協力して！」等、迷惑をかけてしまうのはいつまで、と決めてしまうのです。

こうすることで、家族の理解も得やすくなりますし、自分自身も期限までに結果を出さなければ…とより真剣に仕事に取り組めるようになります。

開業前の法則.10
「成功したら家族の理解が得られる」の勘違い

しかしくれぐれも、それが「あと1か月」「もう少しだけ…」と延長していくことがありませんように！

とにかく、自分が幸せでなければ、お客様のことも幸せにしてあげられません。無理なくサロンを運営できるよう、開業前にご家族とじっくり話し合い、理解と協力をゲットしておきましょう！

ということで、これまでに自分が見てきた＆してきたよくある失敗パターンと、それを回避する「魔法の杖」となるノウハウをご紹介させていただきました。

いかがでしたでしょうか？

ご自分の開業プランが「失敗パターン」にあてはまっていた方は、是非今のうちに軌道修正をして下さい。

すべてOK！という方は、自信を持って開業準備をすすめましょう！

開業までのスケジュール

	チェックポイント	チェック欄
6カ月前	**開業予算の決定**	
	サロンのコンセプトの決定　後からブレないように紙に書いて貼っておきましょう	
	メニューの決定　コンセプトに合ったメインのメニューを作りましょう	
	機械・器具・備品・化粧品の見積書をもらう 中古は早めに注文、置き場所に困るので、配達は開業直前の日程を依頼	
	不動産屋さんに行き、物件検討 これだけは譲れない！　ということを決めていきましょう	
	オープン日程の決定 プレオープン企画があればその日程も決めておきましょう	
3カ月前	**電話番号を取得** 電話工事はやり直しが難しいので、内装の方と日程等の打ち合わせをすること	
	ダイレクトメール、メニュー表、カードの作成準備 できればプロに頼みましょう！	
	300～500名の名簿作成 名簿が確保できない場合は知り合いの店舗や会社などに配布	
	看板・内装との打合せ、見積もり依頼 水周り・電気配線・配置・収納など。配管工事が必要な場合は早めに手配！	
2カ月半前	**オープン告知のダイレクトメール発送。 知り合いには電話でご挨拶。**	
1カ月半前	**知り合いの予約受付開始**	
	ご近所に挨拶回り 近所で買う事ができる物品の購入リストを作っておくと便利	
	内装の完了と同時に、機器・備品・化粧品その他を納入	
	オープン来店者にお渡しするプレゼントの決定 次回の予約を取りやすい企画の策定。期限付き優待チケットなど	
	プレオープン	
当日	**オープン**	
1カ月後	**ご来店いただいた方への御礼のハガキを発送** 手書きでお肌のアドバイスを記入すること	

Part 2

開業時
成功の法則 10

成功するための具体的アクション

開業時に知っておくべき10の法則

「開業前に知っておくべき10の法則」で覚悟と心構えができたところで、個人サロンを成功させる開業時の具体的アクションについてご紹介しましょう。

この章でお伝えすることは、大手のノウハウとは全く異なります。知名度、資金力、規模等々を考えれば、同じことをやっても全く歯が立たないことは普通に考えればわかりますよね？

でも、だから勝負にならないかというとそんなことはありません。

個人サロンには個人サロンの「強み」があります。大手に比べて弱いところを見るのではなく、大手にはできない「強み」を活かすことに目を向けることが最大のポイントです。

個人サロンの強みとは

・いつも同じ担当者の施術を受けられる

毎回違うスタッフが施術に入り、何度も同じことを言わされたり、前回言ったことが伝わっていなかったり…ということがありません。また、スタッフによって技術のレベルが違うという不満も持たれません。

当日にお客様のお肌やお身体の様子を見て、施術内容のプチチェンジを行うなども、個人でやっていればやりやすい。会社のルールに縛られる大手ではなかなかそこまでキメの細かい対応はできません。

・自宅サロンは人としての信用をもらいやすい

自宅サロンすべてが信用に繋がるかというとそうではないかもしれませんが、少なくとも、自宅にお客様を受け入れることは、それなりの責任感と「逃げ隠れしない姿勢」のある人でなければできないはず。

お客様も、自分が他人を自宅に受け入れられるか…と想像すれば、いかに覚悟が必要かはそれなりに想像できるので、「人間として」の信用はしていいただきやすいのです。

ただし、プロとして、技術者としての信用はまた別の話なので、人としての信用をベースに、美容と癒しのプロとしての信頼を積み上げることが必要です。

・個人サロンは押し売りされない、安心して通えるイメージ

人としての信用と近いかもしれませんが、コースや化粧品を必要以上に強く薦めるイメージのある大手サロンと比較すると、個人サロンには一度の訪問で何十万の契約を迫られることはないだろう、という安心感があります。大手の場合は、広告宣伝や人件費にかけるコストが大きい分、売上目標も大きく、スタッフも本部からはっぱをかけられているのでそれなりに強くお薦めしないとならないのは仕方のないこととも言えます（大手出身で、スタッフを雇ってバンバン広告を出していくつもりであれば止めはしませんが…）。

これが個人サロンの代表的な「強み」であるということを認識しておくと、大手のチラシや広告の謳い文句に影響されたり、その動向に一喜一憂したりということ

がなくなります。

「大手を真似してはいけないのはわかったけど、じゃあ何を参考にすればいいの？」という方のためにご用意したのがこの第2章です。大手が気にも留めない、あるいは大手には全く必要がないことも含め、どこにも出回っていない「個人サロン」成功のための独自のノウハウを、是非実行して下さい。

1

個人サロンは「超・短期回収」を！

これさえ心得れば成功する！　事業計画の必要性

ポイント！

開業の初期投資を回収する時期

大手でも個人でも、まず必要なのが「事業計画」。でも、ひとことで「事業計画」と言っても、ピンとこない方もいらっしゃるかもしれませんね。

簡単に言うと、**事業計画とは「開業のためにかかる初期投資を何年で回収するのか」という計画のこと**です。

初期投資とは、開業準備にかかるコストと考えると良いでしょう。家賃の敷金や内装、その他の工事費、看板代、機材やベッド、タオルやガウン、ホームページの

開業時 成功の法則.1

個人サロンは「超・短期回収」を！

ポイント！

開設やご挨拶状、メニューやチラシの印刷費等、様々なコストがかかります。

回収とは、この初期投資を単に「使ってしまったお金」として忘れてしまうのではなく、月々の利益で補填（ほてん）していく（返済していく）ことをイメージしていただくと良いでしょう。投資金額をきちんと回収できる事業計画がなければ、金融機関から融資を受けることは望めません。あなたも、将来の収入のあてが明確でない人にお金は貸しませんよね？　また、「私は自己資金があるから借入はしないわ」という方なら事業計画が必要ないかというとそうではありません。世の中は変化するもの。理想のお店をオープンできたとしても、働いているうちに「もっといい場所に移りたい」「こういうメニューや機械も入れたい」という課題や目標が生まれてくる可能性は非常に高いです。また、時がたてば内装も傷んできますし、機械が壊れたりすることもあるかもしれません。

つまり、開業から何年かすれば、またまとまったお金が必要となってくることは間違いないのです。ですから、はじめからそれを見込んだ売上・利益の計画を立てておくことが必要。そうしないと、数年後に次の投資をすることができずに、いつの間にか、さびれた商店街で見かけるお店のような、古ぼけた魅力のないサロンになってしまう危険性大なのです。

大手であれば、次の投資を見込んだ事業計画を立てているのは当たり前。個人サロンとしては、初期投資の金額が少ない分、早めに次の手を打てるよう、より短期間で投資回収できる計画を立てておく必要があります。

ポイント！

ひとつの目安は、3年後に初期投資にかかった金額と同じだけの「貯金」ができる計画であること。世の中の変化スピードを考えると、3年より長い期間を設定するのはおすすめできません。例えば、100万円投資したのであれば、月々3万円弱の貯金ができれば「3年で投資を回収」したことになります。

これができれば、理屈上は少なくとも3年後に、開業時と同じくらいの投資をすることができます。（実際は、貯金分が利益とみなされるので、1年ごとに税金も納めることが必要となりますが…。）

3年後に、「もっといい場所に出店したい」「スタッフを雇いたい」のであれば、開業時よりも大きな額が必要ですから、より高い目標を目指さなくてはならない、ということになります。自宅だって貯金がなければ「維持していくだけ」でも大変ですよね？　さらに「拡大」したいのであれば、より多くの貯蓄をしていくことが必要なのです。

逆に考えると、**初期投資にかかりそうな費用を3年×12カ月＝36で割って、月々その金額を貯金する、と想定してみた際に、あり得ないほど大きな金額になってしまうのであれば、初期投資にかける費用を見直す必要があるかもしれません。**

「好きな仕事ができてそれなりに収入が得られるのであれば初期投資は惜しくない」という方もいらっしゃるかもしれませんが、同じ収入を得られる仕事は他にもたくさんあります。普通にお勤めしていれば、そのお金は3年後にも手元に残っているかもしれないのです。そのあたりはよりシビアに考えて仕事に臨むのがプロと言えるでしょう。

世の中のモノサシ的には、初期投資をいかに早く回収し、利益を出すかがビジネスの成功。金融機関からの評価もまたしかりです。

2

これさえ心得れば成功する！　サロンのお金管理法

サロンのお金はサロンのもの！

サロンと自分のお金は絶対に分けること

法人化を考えている方は、いろいろな管理をしっかりすることがマストなので問題ないのですが、「個人事業」で開業する場合、**絶対にお願いしたいのがサロンのお金と自分のお財布を一緒にしない**こと。

これができないと、〝売上 マイナス コスト＝ 利益〟がいくらなのか、事業計画が予定通りに進んでいるのかどうか、全くわからなくなってしまいます。

ポイント！

確定申告とサロンの売上管理は別物です。確定申告のためだけならそこまでする必要はないのですが、サロンの成功のためには売上管理もしっかりしておくことが

必要、と考えて下さい。

まず、サロン専用の銀行口座と金庫（事務用の小さなものでＯＫです）を用意して下さい。そして、自己資金や借入金はすべてこの専用口座に入れ、各種の支払いもそこからするようにします。

サロンの売上もいったんすべて口座に入金し、最低限の現金は自分の財布ではなく金庫で管理する習慣をつけるのです。こうすれば、サロンのお金と自分の家計をしっかり分けて管理でき、儲かっているのかいないのか、きちんと把握することができます。また、個人事業の場合、会計上は事業主の「給料」という概念がなく、売上からかかった経費をすべて引いたものが「所得」とみなされます。事業主の給与もビジネスの利益もひっくるめて「所得」となるイメージです。

しかし、それではサロンとしての業績がわかりにくいので、「自分」という従業員を雇ったつもりで、一定額の給料を払うということにしておくとよいと思います。

売上から経費と自分の給与分を引いたものがサロンの利益。これを、専用通帳と金庫で管理する。そして、利益分で初期投資を回収(貯金)していく、と考えましょう。

お金をしっかり管理するコツは、自分だけでやらないこと。

几帳面で管理に自信がある方以外は、信頼できる第三者に上手に介在していただくことをおすすめします。税理士事務所などで、通帳への記帳や帳簿記入を安価で代行してくれるサービスがありますので、活用するのもよいと思います。

ちなみに、私は毎月サロンの収支を夫に報告していました。そうすることで、きちんと売上や経費をチェックするモチベーションが維持でき、夫も私が何をやっているのか把握できて安心してくれるようでした。

法人と比べて規制も少なく融通がきく個人事業ではありますが、その分ルーズになってしまう可能性も高いので、開業当初からお金の事だけはきちんとしておきましょう！

3

これさえ心得れば成功する！ 事業計画のたて方

年間粗利600万円のモデルパターン

さて、皆様の事業計画の参考としていただくために、年間粗利600万円をゲットするためのモデルパターンをご紹介しておきましょう。ここまで、開業にかかる費用のことを中心に述べてきましたが、計画通りに事業を進めるためには、当然ながら確実に売上を確保していくことが必要です。

サロンのお仕事が全く未経験の方は、どうやって売上を予測すればよいのかわからない、という方もいらっしゃることかと思います。

売り上げ目標は月30万円に設定すること

そこで、まず目安にして欲しいのが、オープン当初の売上目標は月30万円にするということ。初月から30万円は無理かもしれませんが、オープンから6カ月で180万円、月平均30万円をつくることを目標にして下さい。

「なぜ30万円?」かというと、実はこれまでの経験上、30万円はどんな方でも正しい努力さえすれば確実に売り上げられる金額だからです。どんなに知識や経験がなくても、人より秀でるものが何もなくても、**ごく普通の方がごく普通の努力をすれば確実に手に入れることができるのが30万円です。**

もし、30万円の売上が立たないとするならば、何か間違ったことをしている可能性が高いと思います。

そして、半年間で180万円が達成できたら、そのままのペースをキープするのもありですが、意欲があるなら次は月60万円の売上を目指します。

「いきなり倍?」と思われるかもしれませんが、**どうも30万円がひとつの壁のようで、そこを超えると一気に50~60万まで行ってしまう方が多いのです。**そこで、次の目標は60万円に設定することをおすすめしています。

初年度~3年目の売上イメージは自宅サロンの場合以下の通りです。

初年度～3年目の売り上げイメージ

初年度
最初の6カ月　30 万円／月
後半の6カ月　50 万円／月
年間売上　　　480 万円（粗利約 400 万円）

2年目
前半の 6 カ月 50 万円／月
後半の 6 カ月 60 万円／月
年間売上　　660 万円（粗利約 550 万円）

3 年目
60 万円／月
年間売上　　720 万円（粗利約 600 万円）

自信がある方は
初年度から粗利 600 万円を
狙ってもいいですね！

　また、店舗を借りて開業する場合は、オープン当初から月60万円を確保し、自分以外のスタッフ1名につき60万円をプラスする、というのが最低限達成すべき目標と言えるでしょう。

　この目標売上から、月々かかるコストと初期投資回収分の費用を差し引いた時に、すくなくとも赤字にならないような設定にしておかないとサロンの繁栄は望めません。月々収支の目安をP11～12にご紹介しておりますので、ご自分のサロンの利益計画と照らし合わせて考えてみて下さい。

4

オープン時は予約を取りまくれ！

これさえ心得れば成功する！　オープン時の集客法

オープンの時が集客のチャンス！

立てた事業計画を現実のものとするためには、何よりも顧客の獲得が重要。お客様が来て下さらなければ、どんな立派な事業計画も意味のないものになってしまいます。モデルプランではオープン当初の売上目標は低めに設定しましたが、**「お客様はやっているうちにだんだん増えるだろう」と考えるのは大間違い！**口コミやご紹介などで増える可能性はありますが、それは棚ボタ的な「ラッキー」だと思うべきです。

オープン当初を低めに設定しているのは、オープン時のキャンペーン等でやや値段を下げて施術を行うことを考慮したものです。

ポイント！

どんな店舗でも、オープンの時が最大の集客チャンス。

オープンの時ほど、アピールがしやすくインパクトに残りやすい機会はありません。あるとしたら、『閉店セール』くらいなものです（笑）

オープンで集客できなければ、後から取り返すのは本当に大変なこと。

それをわかった上で、オープン時の集客には全力を注ぎましょう。

限られた費用を最大限に有効活用するために、必ずやって欲しいことは、オープン前にご案内状を出すことと、ホームページをつくることです。

目標は、オープン後1ヵ月の予約を事前にいっぱいにすること。オープンしてから「お客様来てくれるかな…」と待っているようではコストと時間ばかりをどんどん費やすことになってしまいます。

案内状は最低100通出すこと

まず、ご案内状を出すために、リストを用意します。誰に出せばいいのか？　というと、とりあえず誰にでも出す！　つもりでいて下さい。数は最低100通。

一見サロンとは何の関係もないような方でも、その方の周りにはお客様候補がいらっしゃるかもしれませんので、とにかくダメもとで知り合い全員に送るくらいの勢いでいきましょう。

送付物は封書で。中には、①ご挨拶状　②サロンのリーフレット（メニュー表）③割引チケット（第1章パターン⑨でご紹介した、千円券、500円券など）の3点を必ず入れるようにします。

中でも大切なのは①のご挨拶状です。リーフレット、メニュー表はサロンのコンセプトを表現する非常に重要なものではありますが、**個人サロンの場合、正直申し上げて他のサロンとの違いが明確にわかるのは「価格」でしかなかったりします。**（ハードにお金をかけて、一流スパにも負けない素敵な内装等があれば話は別ですが…）。「施術」のような形のないサービスを紙の上で表現するにははじめから限界があるのです。

そんな個人サロンが他と確実に「他と違う」と思っていただけるものがあるとしたら？　それは、「あなた自身」をアピールするしかないのです。

どんなきっかけで、どんな思いでサロンを開き、お客様にどんなものを提供したいのか。どんな資格や経歴を持っているのか。お客様とお約束出来ることは何なのか。それを、どこかから借りてきたような単に耳触りのよい言葉ではなく、自分自身の心からの言葉で伝えるのです。

そして、リーフレットにはメイクとヘアをバッチリ決めた写真を載せること。

ポイント！

あなたの姿とあなたの言葉は、他のどんなサロンにもないオリジナル。個人サロンの場合、これ以上わかりやすいアピールポイントはないのです。

どんなことを書いていいかわからない…という方は、サロンや美容室をはじめ、業種関係なく女性経営者がやっている会社などのホームページを是非積極的にのぞいてみて下さい。他人のプロフィールをたくさん見ていると、「ああ、こういう人に担当してもらいたいなあ…」と思うものが見つかるはず。逆に、「あんまりキモチが伝わってこないなあ」「これじゃあアピールになっていないなあ」と感じたら、それは真似しないこと。その方が本気でそう思っていらっしゃるかどうかは、読んでいればなんとなく伝わってくるもの。文章のうまい下手はあまり関係ないこともわかると思います。

ポイント！

また、案内状にはできれば手書きで一筆添えるとしっかり読んでいただきやすいですよ。そして、案内状を受け取った方の多くがご覧になる可能性が高いのがホームページ。（もちろん、ご案内状にURLを載せるのはマスト！）

作成したホームページが検索エンジンにかかるには少し時間が必要ですので、最低でもオープンの1ヵ月前には用意しておいたほうがよいでしょう。

ここにも自分自身のプロフィールや思い、メニュー表や地図などを載せるのですが、併せておすすめしたいのが**「開業までの道のり」をご紹介するブログ**です。

「今日は内装の打ち合わせでした」「サロンのリーフレットが完成しました」等々、着々と準備が進んでいる様子を紹介するのです。見てくれるのは身内や知り合いだけでもOK。人は、頑張っている人を見ると応援したくなるものです。オープンまでコツコツと行動を積み重ねている様子がわかると、「1回くらいは行ってあげようかな」と思うのが人情。しかし、そういう努力が見えないとなかなかそういう気持ちにはなりません。

オリンピックやワールドカップの前に選手の頑張っている様子が報道されると、

普段は注目していなくても、「応援しなくちゃ」と思うのと同じです。

そして、案内状を送付したら、片っ端からＴＥＬをかけ、予約を取って行きます。

相手によってはメールでもよいでしょう。

相手が男性であれば、「奥様（彼女）にいかがですか？」「是非この割引チケットをお渡し下さい！」とお願いしましょう。

普段からそれなりに交流のある方なら、お付き合いで1回くらいは来てくれることが多いはず。この1回に全力を注いで、リピートにつなげるのが次のステップです。

ポイント！

こうして、オープンから1ヵ月～2ヵ月分の予約をとってしまうくらいの勢いで開業することが成功のポイント。もちろん、リピートしていただくことも考えて、詰めすぎにはならないようにご注意下さいね！

5

これさえ心得れば成功する！　リピーターの獲得法

リピーターを獲得するための平均単価は6千～8千円

個人サロンの平均単価は6千～8千円がおすすめ

個人サロンがもっとも注意しなければならないことのひとつが、メニューの料金設定です。当たり前ですが、低すぎても高すぎてもＮＧ。

結論から言うと、どんな方でもリピートが取りやすい金額の目安は、均単価を6千～8千円に設定することです。ここからキャンペーンで20％オフにすることを考えると、実際は4千800円～6千400円となります。1回6千～8千円で確実に求める結果を出すことが、リピートを取るための近道です。慣れてくれば、物販をプラスして1万円くらいを目指してもよいでしょう。

逆に、これ以上の価格帯になると、リピートする頻度と率がぐっと下がります。

この価格帯では、サロンの内外装がよほど素敵か、よほど特別なメニューがある等の特色がないと、新規の集客も難しくなるでしょう。

特に、アロマテラピー等で「リラクゼーション」をメインで行こうと考えている方は要注意。リラクゼーションサロンの競合は、美容メインのサロンだけでなく、整体やマッサージ、リフレクソロジーなど多岐にわたります。いずれもアロマのサロンよりは安価な設定になっていることが多いようです。同じ「心地よさ」「癒し」を目的にしていると、そこにアロマが加わっただけで単価が高くなるのはピンとこない、という方が多いということは認識しておいたほうがよいでしょう。

精油にかかる金額を考えると、より高い価格設定にしたいキモチはよくわかるのですが、私はメインのコースは競合とも「勝負」できる価格帯にしておくことをおすすめ致します。

また、リラクゼーションをメインにする際にもうひとつ知っておいていただきたいのは、「疲れた時に行きたい」というお客様が多いこと。そのため、通っていた

だく頻度がお客様主体になり、再来店までに間が空いてしまう傾向が高いのです。頻度が低いと、同じ売上を上げるにも、より多くの「客数」が必要となります。(ex.月10万円を売り上げるのに、６千円で2回ずつお越しいただければお客様は10名いらっしゃればＯＫですが、月1度となると20名のお客様を確保しなければなりませんよね)また、次の予約を入れずに帰ってしまう方も多く、売上の見込みが立ちにくいということもあります。

ですから、メインは「癒し」であっても、「痩せる」「シミやたるみを取る」といった、わかりやすい「結果」に繋がるメニューも導入することをおすすめします。結果を出すには、ある程度の頻度と回数を通っていただくことが必要になるため、先々の予約がいただきやすいのです。 理想の頻度や回数については、次の項で一緒に確認していくことに致しましょう。

6

これさえ心得れば成功する！　ファンの作り方

週1で通うファンの作り方

リピートを獲得し、お店のファンになっていただくための大前提があります。

それは、「週1回、4カ月通っていただくこと」を理想とすることです。

「えっ？　そんなに？」と思いますか？

でも、身体のしくみを考えれば、結果を確実に出すための最短コースであることはご理解いただけると思います。筋肉は覚えたことをすぐ忘れてしまうので、理想は毎日、最低週2回は施術を受けていただきたいところ。でも、やることはいろいろあるし、お金もかかるし…という事情もありますので、そういうことを考慮して100歩譲ったのが週1回。血液や代謝など、身体が正しいリズムになるのに約4ヵ月かかります。それより低い頻度で結果を出そうというのはそもそも無理な話なのです。

ポイント！

ですから、お客様にも、「週1回4カ月」通っていただくことが理想であることをしっかり伝えなければなりません。

4カ月で求める結果が出れば、その後はメンテナンスということで、隔週、もしくは月1回に頻度を落としてもOK。4ヶ月間でお客様としっかりコミュニケーションと信頼関係を築ければ、その後もずっとリピートして下さるようになるのです。もちろん、すべてのお客様が「はいそうですか」と週に1回通っていただける訳ではないと思いますが、とにかく全員に理想の通い方の提案をすること。そして、どうしても通えないとおっしゃる方には、その分ご自宅のケアに力を入れていただき、お越しになった際の施術も長めにしっかりやらせていただく。もちろん、その分料金もいただくようにします。週1回の方にも月1回の方にも同じ施術をやっているとなかなか結果に繋がらず、信頼が勝ち取れないからです。**勘違いしないでいただきたいのは、「週1回4カ月」の提案をするのは、売上が目的ではない、ということ**です。お客様の求める結果を確実に出し、信頼をいただくことが真の目的。売上はその結果としてついてくるもの。そこを押さえた上で、プロとして最短で最善の結果を出すご提案をしていきましょう！

7

これさえ心得れば成功する！　メニューの構成方法

リピーターを呼ぶ〝旬の〟メニュー構成方法

ところで、サロンにお客様として通ったことはありますか？　ずっとリピートしたくなるサロンと、途中で通わなくなってしまうサロン、何が違うと思われますでしょうか。

変化をもたらすサロンが勝ち残る！

もちろん、施術の上手下手、結果の有無などは当然としても、「まあまあ気に入っているんだけど、何か決め手がない。他にも行ってみようかな…」と思われてしまうサロンには、共通点があるのです。

それは、「変化」がないこと。言い方を変えると、新しい提案がなく「いつも同じ」

ということです。

美容室もそうかもしれませんが、とりたてて髪形を変えようとは思っていなくても「いつもと同じで」となってしまうとなんだかつまらないですよね。床屋に通うおじさんであればそれでもよいのかもしれませんが…（笑）。お客様が同じでよいとおっしゃっても、「夏ですから今回はこんな風にしてみませんか？」等の提案があり、ちょっと雰囲気を変えてもらえると結構満足していただける、そんな感覚がサロンにも求められるのです。

しかし、ご予約いただいたメニューをその場で変更すると料金も変わってしまったりして結構大変では…？　と思う方に、おすすめのメニュー構成があります。

毎回前回とはちょっと違う提案がしやすく、明朗会計な「太田流・チョイスメニュー」です。しかも、スタッフが多い大手サロンはおそらく手を出してこないやり方だと自負しております。スタッフが多いと全員に浸透させるのが大変だからです。

大手よりも上手をいくメニュー構成

まず、メニューの核となるハンドの施術を生理前と生理後で少なくとも2種類用意します。

生理前はむくみがあるのでデトックスをメインにした施術にし、生理後は導入をメインにします。当校アクトインターナショナルスクールの技術で言うと、生理前はアロマトリートメント、生理後はインド式オイルトリートメントやスウェディッシュボディをおすすめしています。

これらのハンドメニューをメインとし、それに機械メニューなどを追加します。低周波、超音波、またピーリング等です。

生理前ならアロマトリートメントをメインに、お客様のご様子を見て例えばピーリングを選択する。「次回は生理後なのでスウェディッシュにしてみましょうね」と、次の提案をすることもやりやすくなります。生理前と生理後では身体の状態が変わりますので、それに見合った効果の出やすい施術をご紹介することで、きちんと身体の事を知っているプロ、ということをアピールすることにもなります。

シンプルですが、毎週来られる方は時間は最低限でOK、頻度が低い人は時間を長めにとったコースにする、といった個別対応ができてしまうおすすめのやり方です。

大手はスタッフによって対応が違うとクレームになりかねないのでこういうやり方はあまりしたがらないと思います。**が、個人であればすべて自分のお客様ですから、自分の思った通りに対応すればOK。個人サロンの強みを活かしたメニューであるということです。**

フェイシャル、ボディの例をそれぞれご紹介しますので、ご自分が身につけている施術と照らし合わせながら、オリジナルのメニューづくりに活かしてみて下さい。

尚、このメニューを活用するのは施術者であるあなた自身です。レストランのメニューのように、お客様にお見せして「どれになさいますか？」と選んでいただく訳ではないのでご注意を。「今日のお客様におすすめのものはこれですよ。」とプロであるあなたが最適なプランを提案する、という認識の元で活用して下さい。

◎ メニュー構成のモデルパターン

メニュー構成の考え方

<table>
<tr><th>来店頻度＆価格帯イメージ</th><th>ベースメニュー
手技・トリートメント</th><th>チョイスメニュー
機械</th></tr>
<tr><td>週１回集中コース
6000 円～ 8000 円イメージ
※最もお得感を打ち出す</td><td rowspan="3">【目的・意味合い】
求める結果を出すための土台となるメニュー。ハンドの技術の豊富さをアピールできるようなメニュー構成が必要。
カウンセリングをしながらおすすめのメニューを提示し、プロフェッショナルであることを印象づける。

【メニュー化のポイント】
最低でも、生理前、生理後の２パターンを用意する

生理前：むくみがある状態。
デトックス優先。
生理後：むくみがない状態。
導入が優先。

※実際の生理周期のみにこだわらず、むくみの状態などで総合的に判断すること。</td><td rowspan="3">【目的・意味合い】
結果を効率よく上げることに加え、お客様に「前と違ったことをやってもらっている」と実感していただくためのメニュー
※機械は素人であるお客様にも前回との違いがわかりやすい。パックの種類を変えてもお客様には実感としてわかりにくいのでチョイスには不向き。

【メニュー化のポイント】
まず３回ご来店いただくためにも、最低３種類は用意しておく</td></tr>
<tr><td>月２回コース
１万～１万 2000 円イメージ
※ホームケアを追加</td></tr>
<tr><td>月１回
メンテナンスコース
１万～１万 2000 円以上
※新規は受けない！</td></tr>
</table>

メニュー例）ボディ：ダイエット

来店頻度＆価格帯	ベースメニュー 上半身、下半身からそれぞれ１種類の施術をチョイス			チョイスメニュー／機械　どれか１つをチョイス
		上半身	下半身	
週１回集中コース 60～70分 ６千円～８千円 ※１万円分の価値イメージ	生理前	A．アロマトリートメント20分 B．リズミカルトリートメント20分	A．アロマトリートメント20分 B．リズミカルトリートメント20分	①低周波（20分） ②超音波（20分） ③ピーリング（20分）
	生理後	C．インドエステ　20分 D．スウェディッシュトリートメント20分	C．インドエステ　20分 D．スウェディッシュトリートメント20分	
月２回コース 90～120分 １万～１万２千円 ※１万５千円分の価値イメージ	生理前	A．アロマトリートメント40分 B．リズミカルトリートメント40分	A．アロマトリートメント40分 B．リズミカルトリートメント40分	
	生理後	C．インドエステ　40分 D．スウェディッシュトリートメント　40分	C．インドエステ　40分 D．スウェディッシュトリートメント　40分	
月１回 メンテナンスコース １万～１万２千円以上 ※１万５千円分の価値イメージ	生理前	A．アロマトリートメント40分 B．リズミカルトリートメント40分	A．アロマトリートメント40分 B．リズミカルトリートメント40分	
	生理後	C．インドエステ　40分 D．スウェディッシュトリートメント40分	C．インドエステ　40分 D．スウェディッシュトリートメント40分	

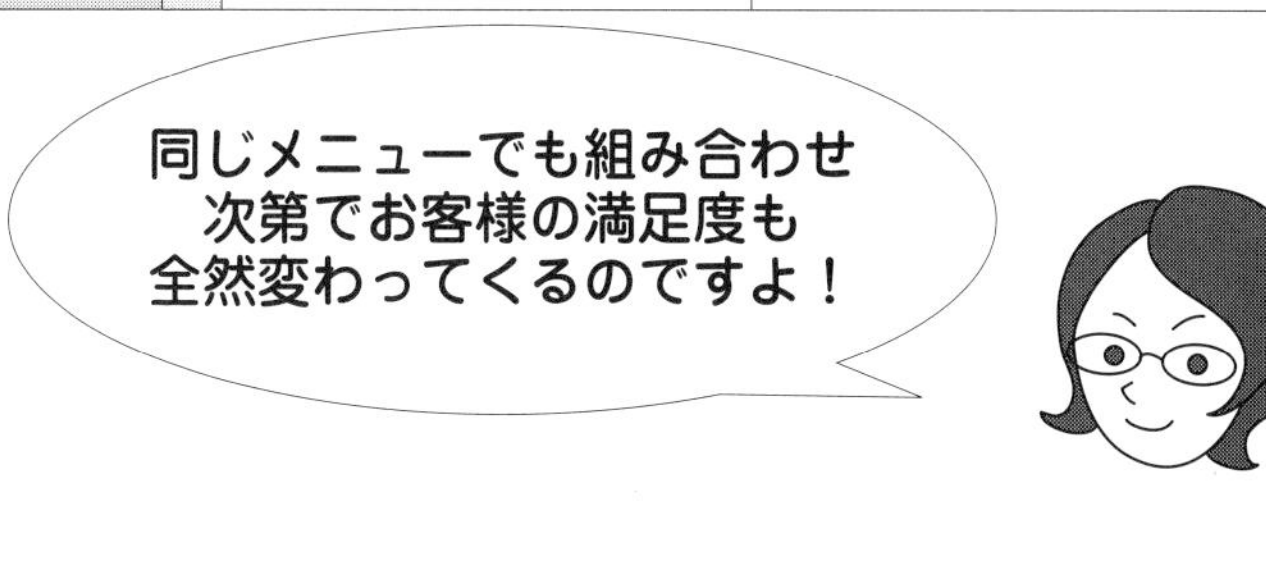

メニュー組み合わせ例）フェイシャル

来店頻度＆価格帯	ベースメニュー			チョイスメニュー
	手技・トリートメント		イオン導入＋パック	機械
しみ・くすみ	生理前	A．リンパドレナージュ（アロマフェイシャル）＋デコルテ・肩 or 背中 30 分	A．パック 20 分	なし
		B．リンパドレナージュ 20 分	B．パワーシート 10 分	①超音波　10 分 ②サクション（パター）10 分
	生理後	C．スウェディッシュトリートメント（フェイシャル＋デコルテ・肩 or 背中）30 分	C. イオン導入＋パック 20 分	なし
		D．スウェディッシュトリートメント 20 分	D. イオン導入＋パワーシート 10 分	①低周波　10 分 ②ピーリング 10 分
しわ・たるみ	生理前	A．リンパドレナージュ（アロマフェイシャル）＋デコルテ・肩 or 背中　30 分	A．パック 20 分	なし
		B．リンパドレナージュ（アロマフェイシャル）　20 分	B．パワーシート 10 分	①超音波　10 分 ②サクション 10 分
	生理後	C．リフトアップトリートメント（上級ﾌｪｲｼｬﾙﾘﾌﾄｱｯﾌﾟ）＋デコルテ・肩 or 背中 30 分	C. イオン導入＋パック 20 分	なし
		D．リフトアップトリートメント（上級ﾌｪｲｼｬﾙﾘﾌﾄｱｯﾌﾟ）20 分	D. イオン導入＋パワーシート 10 分	①低周波　10 分 ②ピーリング 10 分

来店頻度＆価格帯	ベースメニュー			チョイスメニュー
	手技・トリートメント		イオン導入＋パック	機械
にきび・吹き出物	生理前	A．リンパドレナージュ（アロマフェイシャル）＋デコルテ・肩 or 背中 30 分	A．パック 20 分	なし
		B．リンパドレナージュ 20 分	B．パワーシート 10 分	①超音波　10 分 ②ピーリング 10 分
	生理後	C．スウェディッシュトリートメント（フェイシャル＋デコルテ・肩 or 背中）30 分	C. イオン導入＋パック 20 分	なし
		D．スウェディッシュトリートメント　30 分	D. イオン導入＋パワーシート 10 分	①高周波　10 分 ②ピーリング 10 分

8

確実に「結果」を出すカウンセリング手法

これさえ心得ておけば成功する！ カウンセリング術

お客様のニーズに応えるためのカウンセリング

さて、メニューの提案の話を先にしてしまいましたが、求める結果を出すためには、お客様が「何を求めていらっしゃるか」を正しく把握しなければ始まりません。そのためには、十分な「カウンセリング」が必要、ということは皆様よくおわかりのことかと思います。しかし、サロンを拝見していると、意外にこのカウンセリングが軽視されているようです。

問診票に記入していただき、その内容を確認しただけで終了してしまったり、お客様自らが「○○について悩んでいます」と言ったことを言葉通りに受け取って施術メニューを選んでしまう、というケースが多いのです。

カウンセリングはプランニングとセットです。お客様の求めることを把握するとともに、その原因と解決する方法をお客様と二人三脚で導き出し、今後の行動目標を設定するものでなければなりません。ここで信頼関係が築くことができれば、後はプロとして施術に全力投球すれば自ずとリピートに繋がります。

しかし、それができていないと、出るべき結果も出せず、信頼もリピートも取れない、ということになってしまうのです。

まず、確認すべきはお悩みの原因。体質・肌質を把握することはもちろんですが、生活環境に要因があることも多いもの。ストレスを抱えていないか、入浴や睡眠がしっかり取れているか、運動量はどのくらいなのか等も確認を取ることが必要です。また、結果を出すためには、そうなりたい目的が明確なのかどうかも重要。例えば、夏の旅行までに、結婚式までに痩せたい、という明らかな目的があるのか、なんとなく痩せたらいいな、という程度なのかでモチベーションも結果も変わってきます。

そして、結果に最大の影響力を及ぼすのが「性格」。アドバイスをすれば手のかかるホームケアもきっちりできる方なのか、そうでない方なのかを見極められなければ、とても結果など出せません。

最悪なのは、どう見ても面倒くさがり屋さんなお客様に「運動して下さいね」と「理想的な」アドバイスをしてしまうこと。無理なことを押しつけても全く結果には繋がらないどころか、「私のことをちっともわかってくれない」と不満に思われてしまう可能性も大なのです。

面倒くさがり屋さんであれば、ホームケアをしていただくことはあきらめて、高い頻度で定期的にサロンお越しいただけるようにお勧めするのがプロ。ご予算と合わない場合は、そのご予算の中で最大の結果が出せるよう知恵を絞るのがプロなのです。

最善のご提案をするためには、お客様の事を知りつくすことが必要。とくに、初めてのご来店の際は、「お客様にぴったりなご提案をさせていただくために、細かいこともいろいろお尋ねしますがどうぞお許しくださいね」「答えにくいことはおっしゃらなくて結構ですのでご安心ください」と一言お伝えした上で、じっくりとお話をうかがえる「時間」も予約の中に組み込んでおきましょう！

9

これさえ心得れば成功する！　集客アクション

定期的なキャンペーンで顧客拡大！

集客活動はオープンの時だけでＯＫ、ではもちろんありません。

どんなにリピート率の高いお店でも、失客（お客様が来なくなってしまうこと）の可能性がゼロということはありえません。サロンを気に入って下さっていても、ご主人の転勤等でお引越しされたり、ご妊娠・ご出産・子育てでしばらく来られなくなったり……ということはよくあること。また、痩せて目標を達成したから通う必要がなくなった……という「前向きな別れ」を迎えることもあるでしょう。

当然、それに伴って売上も微減していきます。こうしたいわゆる「自然減」をカバーしてくためにも、定期的な集客・キャンペーン活動は必要なものなのです。

ポイント！

最低でも、季節に合わせて年に4回、何らかのキャンペーンを行うことをおすすめします。そのうち1回は、ポスティングやチラシ、雑誌広告等、全くの新規客向

けのキャンペーンにチャレンジしてみるとよいと思います。（後の3回は、既存客や知人友人への告知だけでもOKです）

キャンペーンの内容としては、「いいものを安く」が基本。オマケをつける的なものよりは、「価値あるものが普段より安い」という正統派（？）がよいでしょう。中でもおすすめは、ボディ顧客をフェイシャルへ、フェイシャル顧客をボディへ持っていきやすくするようなメニューのキャンペーン。フェイシャルと背中、二の腕など、それぞれの相乗効果が図れるような提案が面白いと思います。「私はフェイシャルだけでいい」と決めつけてしまっているような方もいらっしゃいますが、例えば二の腕をトリートメントすることで血行・リンパの流れを良くすれば、フェイシャルの効果も上がり、二の腕も痩せられて一石二鳥、というメニューをつくっておすすめすれば、興味を示さない方のほうが少ないでしょう。

既存客により幅広いメニューを体験していただくきっかけにもつながり、新規客にも目新しさを感じてもらえるようなキャンペーンを定期的に行って常に「新鮮さ」を打ち出しつつ、新規客を獲得していきましょう。

開業時の法則 .9

定期的なキャンペーンで顧客拡大！

10

これさえ心得ておけば成功する！　顧客満足＆実力アップメニュー

ブライダルメニュー活用法

ここまで様々な「成功のためのアクション」を紹介してきましたが、中には「カウンセリングもトークもあまり上手じゃないし、提案力もまだまだ…」「技術も、本当に結果が出せるのか自信がない」と自信をなくしている方もいらっしゃるかもしれません。

そんな方に、是非ともおすすめしたいのがご結婚を控えた方のための「ブライダルコース」の導入です。

ブライダルコースを導入するメリット

①目的と期日が明確

結婚式までにキレイになりたい、という目的と期日が明確なため、ホームケア等も含め、ご提案を実行していただきやすい。

②定期的に通っていただける

①と共通していますが、目的と期日が明確なので、無理におすすめすることなく、定期的に通っていただける。毎回ちょっと違うご提案をする、といったことを実践して経験を積むことができます。

③お客様がハッピー

幸せでよい精神状態の方が多いので、会話もしやすく施術する側も気持ちに余裕を持ちやすい。とにかくお客様にきれいになっていただこう！ ということに集中することができます。

要は、無理せず焦らず「定期的に通っていただき結果を出す」というシチュエーションを作れるのです。

お式の日程から逆算して、できれば週1回4カ月通っていただくのがベストですが、最低でも10回くらいはお越しいただきたいところ。

集客の方法としては、ブライダルメニューを作ってお客様や知人・友人にとにかくお配りすること。

「ご結婚が決まられた方がいらっしゃったら是非お誘いくださいね」と言って、割引チケットと一緒にお渡ししましょう。

1人でもご紹介いただけたら本当にラッキー！

①〜③のことを考えると、ブライダルのお客様は、お1人でも10人分の価値がある、と認識し、お式までに最高の美しさを実現できるよう、プロとしての腕を磨いていきましょう！

ということで、この章では、具体的なアクションの中でも、かなり「美味しいとこ取り」できる内容をお伝えしました。

やるかやらないかはあなた次第。でも、実行すれば必ず効果が上がることを実証済みです。

是非、読むだけで終わらせずに、アクションに繋げて下さることを心から願っています!!

Part 3

開業後
つまづきから脱出する
ための法則 10

転んでもすぐに立ち上がろう！

開業後、つまづきからの脱出法

さて、ここからは開業後つまづきがちなパターンと、そこから抜け出す方法をお伝えいたします。

開業後のつまづきは、開業前・開業時に失敗を犯すことと比べれば、はるかに取り返しがつきやすいもの。

しかし、個人でビジネスをしていると、ひとたび何かでつまづくと、ちょっとしたことであっても、精神的になかなか抜け出せない方を多くお見受け致します。

ちょっとしたつまづきにハマってクヨクヨしていると、そのことがお客様にも伝わってしまい、物事が悪い方へ悪い方へと進みがちです。

しかも、ハマっている時は、なぜか自分がハマっているという事実になかなか気づかない。というよりも、なぜ自分がイマイチな気分でいるのか、原因にさえ気づかずになんとなく落ち込んでいることが多い。そして、解決してしまった後は、「なんであんなことで悩んでたんだろう？？」って思うようなことだったりするものなのです。ということで、この章は、私自身や周囲の方がハマってしまったり、ハマりそうになったことをひとつひとつ思い出しながら書きました。

自分なりに悩みぬいて、答えを出した後は、
「なあんだ、こうすればよかったのか」と思うことばかりです。
(もちろん、それなりに労力が必要な解決策もありますが…。)

今現在お悩みの方、イマイチ気分がすっきりしない方に、気分を変えていただく処方箋となれば幸いです。

1

こうして脱出！　集客ができない時の対処法
「集客のためには新メニュー」の思い込みをなくす

むやみにメニューを増やすと経営効率は悪化する

なんだか最近新規客の入りが悪い……。

競合店の広告を見ると、目新しいメニューが取り入れられたみたい……。

「うちも他のサロンにないメニューをやらなきゃ。」

「何か特色のあるメニューを打ち出さないと…。」

と、検討しているうちに、いつの間にかあれもこれもと手を出して、メニューがどんどん増えてしまう。メニューが増えると、その施術に必要な器材や化粧品の在庫も器材も増えたりして、経費がさらにかさんで経営効率も悪化したりします。

開業後 つまづきから脱出するための法則.1

「集客のためには新メニュー」の思い込みをなくす

ポイント！

結論から言うと、個人サロンに必要なのは「技術は総合化、集客はピンポイント化」を目指すこと。トータルで何でもできる力を身につけつつも、ある特定分野を強化して、専門性をアピールするのです。

ついついメニューを増やすパターンにハマる人には「自信」がないのです。

「私はこれができます！」

「これが得意です！」

そう自信を持って言えるメニューをひとつ持っていれば、むやみにメニューを増やす必要はありません。自信がないから、あれこれとメニューを増やしたくなってしまうのです。

「そんなこと言われたって、ひとつに絞るなんてかえって難しいし…」

という方、考えてみてください。

あれもこれも、幅広く品揃えが豊富な店に買い物に行くなら、どこに行きますか？

多分、百貨店や大型店に行かれるのではないでしょうか。

エステサロンにこられるお客様も同じです。

単にいろいろなメニューが揃っている店がよければ大手サロンが一番でしょう。

資金力もあるし、目新しいメニューや器材もどんどん導入されます。

そんなサロンと対抗するのですか？

残念ながら、総合力と資金力では大手には勝ち目はありません。


ポイント！

そこで、勝負するなら「得意分野」です。


「なんでもできますよ」

「また新しいメニューを導入しました」というサロンと
「シミだけは自信があります」

「下半身痩せならお任せ下さい！」

と言ってくれるサロン、どちらが魅力的でしょうか？


「何でもできます」は、実は「コレ！　と言えるものがありません」という自信のなさの裏返し。このことを、お客様は敏感に見抜くのです。

他店と差別化したいのであれば、まずは自分自身の得意分野をはっきりさせること。本当に自信がないのなら、何かひとつだけでも自信を持っておすすめできる分

野を確立すること。
これなくして、個人サロンの繁栄はないと言い切っても過言ではありません。
「そんなあ…」
と弱気になった方、大丈夫です。あなたにも必ず得意分野があるはずです。

一番施術回数が多いメニュー、これまでお客様がよく褒めてくださるメニュー、リピートが多いメニュー……そんな、「事実」をよく見つめて下さい。

もしかするとそれは、自分自身が「好き」「得意」と思っているものとは異なっているかもしれません。もし「コレ！」というものがご自分でわからない場合は、まずは「好き」なものよりも、「事実」としてお客様から高い支持をいただいているものを選んで磨いてみることをお勧めいたします。

ボディをメインでやりたいのに、お客様はなぜかフェイシャルばかり……だとするならば、まずはフェイシャルなら誰にも負けない！　くらいに磨き上げたほうが成功への近道。だって、すでにお客様がついているのですから！　まずそのことに自信を持ちましょう！

さらに、フェイシャルの中でもより細かい分野に強くなって「私、シミをうすくするには自信があるんです!!」などと言えればさらにGOOD！

よく「誰かお客様を紹介して下さい」という方がいらっしゃるのですが、何もないのに誰か紹介してと言われても困りますよね。(好みのタイプも伝えずに、誰かいい人いない？　と言う人と同じイメージですね・笑)

でも、こんな風に言われたらいかがですか？

「私、シミを薄くすることには自信があるんですよ。○○様はシミが目立ちませんから関係ないかもしれませんが、もしシミでお悩みの方がいらっしゃったら是非ご紹介下さい！」

こう持ちかけられれば、「そういえば、あの人シミを気にしてたわ…」と、自然に誰かを紹介したい気持ちになるのではないでしょうか。

お客様は、損得でご紹介してくださるのではありません。

開業後 つまづきから脱出するための法則 .1

「集客のためには新メニュー」の思い込みをなくす

自分が紹介した結果

「あなたが紹介してくれたあのサロン、良かったわ!!」

と言ってもらえれば嬉しい。それだけのことなのです。

「良かったわ」と言ってもらえそうな、しっかりしたエスティシャンなら紹介したくなりますが、そうでなければ不安ですから紹介などしたくない。

「何でもできます」「何でもやってます」では、自信がありそうには見えないのです。

やたらとメニューを増やす前に、まずは得意分野を確立しましょう。

ただし、「○○ができます」と「○○しかできません」というのは大きく違います。

ポイント!

「集客はピンポイント」でも「技術は総合化」しておかないと、売上アップの機会をみすみす逃しかねません。言いかえれば、「見た目は専門店、中身はコンビニエンスストア」という感じでしょうか。

集客のためには得意分野を明確にした方がインパクトも信用もいただきやすいですが、お越しになったお客様からのご要望があれば、それこそどんな分野にも対応できるのが真のプロ。

シミのお悩みでご来店された方がダイエットについてもお悩みならば、合わせてダイエットのご提案をすることができなければ、評判も売上も上がっていきません。むやみにあれこれメニューを増やすのはおすすめしませんが、トータルな施術を提供できる体制だけはしっかり確立させておきましょう！

2

こうして脱出！　顧客満足&売上アップ両立法

商品販売は結果を出すための「武器」

エステや美容室でやたらと商品購入をすすめられ、その店に行くのが嫌になってしまった……というご経験をお持ちの方は多いと思います。

そんな経験をされているので、

「自分はあくまで施術で勝負。お客様に迷惑がられる商品販売などしたくない」という確固たる信念（？）をお持ちの方をよくお見受けします。

ポイント！

しかし、化粧品は、お客様の求める結果をサポートしてくれる大切な「武器」であることを忘れてはいけません。

サロンに通われる回数は、多い方でもおよそ週1回。

つまり、1週間のうち、あなたの施術を受けるのは1日だけ。あとの6日間はご自宅でケアしていただくしかありません。しかし、この6日間をどう過ごすかによって、サロンでの施術の効果が大きく変わってきます。

お客様の求める結果を早く出して差し上げるには、当然ホームケアのアドバイスが必要。そして、ホームケアに最適な化粧品をおすすめをすることは、プロに求められる重要なミッションだと思うのです。

あなたがこれまで商品を進められて「嫌！」と思ったご経験を思い出してみてください。おそらく、「私のために言ってくれている」とは思えない「押しつけトーク」だったのではないでしょうか。

自分の悩みとは全く関係なく、

「今度出たこれ、すごくいいんですよ。みんな使っています。」

「お客様こういうタイプですよね。それならこれがおすすめです。」

…と、勝手に決め付けて勝手に話をする。

こういうトークでは嫌がられて当たり前です。

個人的な経験ですが、あるとき美容師さんから
「お客様、髪をさらさらさせたくてサラサラタイプのシャンプー使ってると思いますが、本当はあなたにはしっとりタイプがいいんですよ」

と言われたので、

「いえ、私しっとりタイプを使ってますけど…。」

と答えたら、そこで会話が終わったことがありました（笑）。

本当にしっとりタイプを使っていたので、心の底から、「ああ、この人プロとして信用できないなあ」と思ってしまったのですが、こういう経験をしていると、確かに物販＝「押し売り」＝「だから私はやりたくない」という考え方になっても仕方がないかもしれません。

ですから、要はこういうトークをしなければ良いのです。


ポイント！

お客さまを褒めると悩みが聞ける

例えば、お客様は「褒める」と逆にお悩みを話してくださいます。

「お客様、本当にお肌がきれいですよね」と言うと「そんなことないわよ、実はすごい乾燥肌で、冬なんて大変なの」などと教えて下さる。日本人は謙遜する方が本当に多いですからね。そこで、保湿についてのアドバイスをする。**するとお客様は、「自分から伝えた悩みに応えてくれている」と感じるので、本当によく話を聞いてくださるものです。**

これなら、「押し売り」「押しつけ」とは感じませんよね？さらに「幸せ生活」を実現させるための売上・利益の側面から考えてみましょう。

理想的と思われる「売上」は、

月間売上60万円＝施術52万円（1人8千円×65名）
＋化粧品8万円（1人5千円×16名）

＊「粗利」で考えると
月間粗利50万円＝施術売上52万円×粗利率90％＝46万8千円
＋商品売上8万円×粗利率40％＝3万2千円

というのが基本ラインです。
しかし、商品販売を行わないとなると、この化粧品売上8万円（粗利益4万8千円）分は施術だけで確保しなければならないため、必然的に施術の料金設定を上げるか、客数をさらに増やすことが必要となってしまいます。

商品を販売することは、同じ客数で効率よく幸せ生活を手に入れる重要な手段にもなるのです。このことに気づかずに、「なかなか売上が上がらない…」と苦労されている方が多いので、本当にもったいないと思っています。

自分にピッタリで確実に効果が得られる商品が手に入れば、お客様は迷惑がるどころかむしろ本当に喜んで下さるのです。
物販に消極的にならず、効率よく売上を上げながら、感謝される販売を目指しましょう！

3

こうして脱出！　苦手なお客様との接し方

お客様とは対等な関係を

サロンには、様々なお客様がいらっしゃいます。

これまで出会ったことのないような魅力をお持ちの方、全く知らなかったご職業の方、なんらかのビジネスをされていたり、会社を経営なさっていたりする方がお見えになることもあります。

様々なお客様との出会いの中で刺激を受け、交友範囲や視野が広がり、自分自身が大きく成長できることがこの仕事の醍醐味のひとつです。

ですから、基本的には「来るものは拒まず」の積極的なお付き合いをおすすめしたいと思っています。どこに行っても「プロ」の顔を忘れずに、ニコニコ感じよくできる自分でいるトレーニングにも繋がります。

開業後 つまづきから脱出するための法則 .3
お客様とは対等な関係を

しかし、苦手なお客様とのお付き合いに負担を感じ始め、「なんだか最近仕事が楽しくない…」という壁にぶつかる方が結構いらっしゃるようです。

ポイント!

結論から言うと、「負担」を大きく感じてしまうお付き合いであれば、あまり無理をしないことをおすすめします。精神状態が悪くなると、サロンの施術やおもてなしにも悪影響を与えてしまうからです。

特に、「これからも通っていただくためには、お客様がやっているお店にも行っておかないと……」

「お客様だし、少しこの方のビジネスにご協力しないと……」

「気がすすまないけど、誘われたからこのイベントいかなきゃいけないかしら…」

などと感じる時は「負担」の兆し。

本来の施術やサービスの向上という視点から外れたことにエネルギーが向いてきたら要注意です。

もちろん、そのビジネスに興味があって、心から協力したい！　と思ったのであれば問題ありません。

気が進まないことにお金や時間を使いすぎることには無理があります。

人間、無理が大きいとストレスを感じるようになり、その方と接することがだんだん辛くなってきてしまうこともあるのです。

実際、もともと気が合ってうまく行きそうな方とお付き合いする際は、興味がなければ興味がないと言いやすく、それでも関係が壊れることもありません。

どうも、苦手な相手に限って、お金を払うことや時間を使うことで関係を繋ぎとめようとしてしまう方が多いような気がします。


でも、あなたは「プロ」のサロン経営者。

十分にお金をいただけるレベルの施術や接客を提供しているのであれば、「私も何か買わないと…」などと、引け目を感じることはないはずです。仮に自信がないのであれば、自信を持ってお金をいただけるよう、商品・サービスに磨きをかければ良いのです。


ポイント！

あなたはお客様に価値ある施術、サービス、おもてなしを提供する。お客様はそれに見合った代金を支払う。お客様とあなたは対等な関係にあるのです。

苦手な人が多い＝プロとして力不足!?

また、お客様は自分自身の鏡でもあります。プロとしての技術や知識はもちろん、人間性や社会性を含めて、自分が成長していかないと、それに見合ったお客様しかついてきてくれません。特に、あなた自身が（私もこれだけ買ったんだから、あなたももっとお店に来てよね）なんて心のどこかで思っているなら、相手からもそういう扱いをされて当然。そんな邪心は捨てて、技術と結果に心を向けるべきです。

プロとして自信を持ってサービスを提供できるようになると、不思議と苦手なお客様は来なくなります。サロンがある程度のレベルになると、新規の方のレベルも上がってみんないい人ばかりになる、というのもありますが、成長すると同じお客様を「苦手」と感じなくなるというのもあるかもしれません。（もちろん、なかなか「ゼロ」にはなりませんが…笑）

失礼を承知で言うと、苦手な方が多いということは、まだプロとしてのチカラが中途半端ということだと思います。でも、それを恥じることはありません。この壁は誰もが突き当たるもの。そこを乗り越えた人だけが、本当のプロとして成功できるチャンスを手にするのですから。

ポイント!

いずれにしても、人間関係の基本は「WIN・WIN」。

つまり、どちらかが得をしたり損をしたりするのではなく、**相手も自分も幸せ、**という関係を築くことです。

（本当は、相手にちょっと多く提供するくらいがベストですが。）

「いい人」「デキる」人はこのことをちゃんとわかっているので、あなたにも無理をさせず、対等な関係を普通に築いてくださるはずです。

逆に、そうでない人とはあたりさわりのない関係が作れれば十分。

「無理」をしてまでお付き合いを深める必要はないと思います。

嘘も方便、

「ごめんなさい、ちょっとその日は用事があって」

「ちょうど同じ様な物を買ってしまったばかりなんですよ」等々、あたりさわりのない断り文句を上手に活用しましょう。

もし、売上を失うことを恐れて我慢をしているのであれば、もっと新規集客やご紹介などにエネルギーを使ったほうがいいです。

エネルギーを後ろ向きに使うのはもったいないですよ！

迷ったときは、相手を立てつつも、無理をしすぎず「自分も幸せ」になれる行動を選びましょう。

あなたは、「幸せ」になるために仕事をしているのですから!!

ＷＩＮ・ＷＩＮ（お互いが幸せ）の関係を心がけよう！

4

こうして脱出！　信頼を得る方法

営業日や時間は変更しない

ビジネスは信頼第一

自宅でサロンを開業している場合に特に多いパターンなのですが、営業を続けるうちに

「この時間帯はあまりお客様がこないから…」

「この日は特に予約が入っていないし…」

というような理由で、営業時間を変えてしまったり、急に定休日以外に休みを取ったりしてしまうことがあります。実はこれが命取り。

ポイント！

ビジネスは信頼第一。やっていると思ったサロンに電話をかけても誰も出ない。

開業後 つまづきから脱出するための法則 .4
営業日や時間は変更しない

ポイント！

近くに行ったから寄ってみたら誰もいない。

「予約制なんだからいいんじゃない？」

というお声もあるかと思いますが、このことがきっかけとなり、サロン運営がいい加減なものになっていく方が意外と多いのです。しっかりケジメをつけておく覚悟が欲しいと思います。

そもそも、営業時間がコロコロ変わる、定休日以外に休みを取る、ということは「お客様との約束を守っていない」ということであることをきちんと認識すべきです。

つい先日、クリーニングに出しておいた洋服を受け取りに行きました。閉店ギリギリだったのですが、翌日どうしてもその服を着たかったので、走ってその店に向かいました。ところが、閉店10分前に着いたにも関わらず、その店にはシャッターが閉まっていました。わざわざ走っていったのに…と、かなり腹立たしく思いました。

後日「この間、10分前に来たのに閉まってましたよ」とそれとなくさらりと伝えてみたところ「ああ、あの日はちょっと用事があって…その10分前までやってたんですけど」

とあっさりと言われ、反省する様子もなかったのであきれてしまいました。

当たり前ですが、それ以来その店は一切利用していません。

そのお店もご自宅と繋がっている個人経営のクリーニング店なのですが、やはり「公私」の境目がなくなり、「ケジメ」がつけられなくなっていることを感じました。


ポイント！

営業時間や定休日はもちろん、メニューや施術時間など、サロンとしてお客様に公表していることは「約束」と認識しましょう。


それをしっかり守ることが、サロンの営業姿勢を問われる重要な要素ですよ！。

とはいえ、なんらかの理由で定休日以外に休むことが必要な場合もあると思いますが、そういう時はなるべく早めにサロン内やＨＰに告知すること。研修や勉強会への参加など、前向きな内容であれば「研修のためお休みします」と伝えるとイメージアップにもなるでしょう。

また、お子様がいらっしゃる方の場合、最大のネックは急な発熱や病気。これは100%防ぐことは難しいので、事前に「預かってくれる人」を確保しておくことをおすすめします。

私の場合は、子供が病気になった時は、親戚に時給千円で預かってもらっていました。きちんとお金を払うことが相手にも気持ちよく預かってもらうポイントです。くれぐれも「子供が熱を出したので今日はお休みさせて下さい」はやらないこと！（事故や入院レベルになると話は別ですが…）

主婦のお客様なら子供が急に熱を出した時の「気持ち」と「状況」はわかって下さると思いますが、決して「プロ」とは認めてもらえなくなります。個人サロンだからこそ、個人的事情を表に出しすぎないよう、自分自身を律して信頼を勝ち取って行って下さいね。

5

こうして脱出！　お客様が少ない日の過ごし方

空いた時間に家事をしない！

経営者としての意識を大切に

これも自宅でサロンを運営する場合にありがちな、公私の境目がなくなるパターンです。予約のない、空いた時間にさっと家事をすませる。

一見、賢い主婦の時間のやりくりに見えますが、これまでの経験からすると、これもあまりおすすめできません。

自分の中で、サロンを運営しているという意識が薄れていってしまうのです。

開業後 つまづきから脱出するための法則.5
空いた時間に家事をしない！

お客様がこられてからパッと「プロ」の意識に切り替えようと思っても、よほどの方でなければ難しい。これを続けていると、「生活感のにじみ出たパッとしないサロン」になってしまう確率が非常に高いです。

実は私も、こんな「なあなあ」な状態にしっかりとハマってしまった経験があります。なんとなくダラダラとして、気持ちがすっきりしない。モヤモヤした感じが続きました。このイマイチな状態から脱出できたのは**「営業時間中は家のことは一切やらない」**と決めてからです。

そう決めてからは、とにかく営業時間はサロンにいることにしました。

一番重要なのは、朝いちの予約が入っていない日の行動です。10時開店なのに最初の予約が11時の場合、それまでは「今日はのんびりしたくすればいいや」といつもよりスタートを遅らせていました。しかし、スタートが遅れると仕事のリズムも頭の働きもイマイチで、なんとなく1日中調子が出ないまま…ということが多かったのです。

本来、お客様の予約がなくても、すべきことはたくさんあります。

お客様にお肌のご様子をうかがう電話をかける。キャンペーンハガキの宛名を書く。お客様のお顔を思い出しながら、ちょっとしたコメントを添える。今日これから来られるお客様のカルテをチェックし、前回の状態、今日の施術のご提案内容、お話することなどをいろいろ考えてみる。

経費を帳簿につけたり、売上と経費のチェック、分析を行う。そんなことをしていると、新たなメニューや、売上アップのアイディアがどんどん浮かんできたりします。

そう、サロンの仕事は「施術」だけではないのです。

予約がない時間にお客様やサロンの未来に向けての行動を取るのか、家事など他のことに使ってしまうかで、サロンの業績は大きく変わります。

まずは、お客様がいないときにすることをきちんと用意しておきましょう。10分あったらこれ、30分あったらこれをやろう！と、空いた時間毎にやることを決めておくのもおすすめですよ！

6

こうして脱出！ 急な電話にオロオロしない方法

施術中の電話対応はルールを作る！

「開業前の失敗パターン」でも触れましたが、一人でサロンをしていて困るのが、施術中にかかって来る電話の応対です。

予約のご連絡かもしれないし、でも出てしまうと施術中のお客様にご迷惑だし…。

一応留守番電話にしておいたとしても、吹き込んでくださる方はあまりいないものです。せっかくのご予約連絡に対応できずチャンスロスをおこすのはもったいない!!

サロンのコンセプトによっても対応は変わってくるかと思いますが、**私の場合は「出てしまう」ようにしています。出ても失礼にならない人間関係をお客様と築いておくことが大前提です。**

ただ、出たからといって長々と話をしたりすることはありません。

基本的に「ごめんなさい。いま施術の最中なので○時頃こちらからかけ直してもよろしいですか？」と言って、いったん切るようにしています。

こうすれば、施術中のお客様にかけるご迷惑は最低限ですみます。

ちなみに、呼び出し音がならないように、施術中はマナーモードにした携帯に転送されるようにしていました。誰からの着信なのかも見えるようにしておけば、家族や取引先など、後でこちらからかければ済む相手の場合は、出ないですませることもできます。

どうしても施術中は出たくない、という方は、留守電にプラスして、相手の番号の着信記録ができる環境を整えておくと良いかもしれません。

ポイント！

とにかく、かかってきてからオロオロするのではなく、事前に対応を決めておけば、それだけで気持ちが楽になります。

7

こうして脱出！　サロンのドタバタ回避法

予約は上手にコントロールすること

予約の入れ方が鍵を握る

スムーズなオペレーションも、業績の向上も、お客様の予約の入れ方次第で大きく変わってきます。あなたは、お客様からの希望通りにご予約を承ることで、お客様に振り回されてはいませんか？

何も考えずに「この時間が空いていたから」ということでご予約を入れてしまうと、自分のペースで仕事ができなくなってしまいがちです。結果的に、サロンがうまくまわらずバタバタしてしまっては、いくらご希望通りに予約を入れたとしても満足度は低いものとなってしまうのです。

ですから、お客様のご要望に可能な限りお応えしつつ、他のご予約との時間配分のバランス等をきちんと考慮して、円滑にサロンが運営できるようにコントロールすることが必要です。

開業前成功の法則1（22ページ〜）でもご紹介しましたが、理想は前のお客様がくつろいでいる間に次のお客様がいらしゃる…という状態。

予約時間をコントロールすることは、
・サロンワークの効率アップ
・サロンの雰囲気の活性化
・繁盛サロンの演出
を実現させ、結果的にお客様の満足度も向上させることができるのです。

サロンワーク以外の仕事（事務や集客活動など）に時間が必要なときは、思い切って数時間予約を入れずにまとめてやってしまうこともできます。**要は自分で自**

分に予約を入れてしまうのです。空いた時間にやろうと思っているとなかなかできなかったりしますので、集中するにはおすすめですよ。

ではもし、その時間帯を希望されるお客様がいらしたら？

ケースバイケースではありますが、他の曜日や時間帯をおすすめすることも可能です。例えば、「予約がいっぱいです」と言ってしまっても、自分が予約を入れているのですから嘘にはなりませんよね（笑）

お客様同士の相性にも気を付けること

また、同じ時間帯に複数のお客様を入れる場合は、お客様同士の「相性」や「個人事情」にも気を使う必要があります。特に、自分からはおっしゃらなくても、「こっそり通いたい…」と思っていらっしゃる方が多いのでそれを汲み取って差し上げる意識が大切です。

家族には内緒で「美容院に行く」といって、子供をお義母さんに預けてサロンに行ったら、ご近所の方にバッタリ！　などというケースを100％防ぐことは不可能ですが、「そういうお客様もいるかもしれない」という認識をしておくことは接客業のプロとして必要なこと。

個人情報保護の問題もありますし、お客様のことを根掘り葉掘り聞くのも嫌がられますので「それとなく」が前提ですが、お仕事やお住まい、お子様が通っている学校等はそれなりに把握しておくことをおすすめします。

そのうえで、「もしかすると知り合い同士かも…」という可能性がある場合は別の時間帯にしておいたほうが無難です。

もちろん、他のお客様の事をペラペラしゃべるのはＮＧ。

一流のバーテンダーさんは、常連の男性がいつもと違う女性を連れてきても素知らぬ顔をし、別の機会に女性だけで来店された時の会話にも細心の注意を払うそうです。

もちろん女性同士が鉢合わせにならない様にも十分配慮（笑）。

だから、男性も安心してリピートしてくれるという訳ですね。これがプロとしての信頼だと思います。

もちろん、他のお客様の事など全然気にしない方もいらっしゃいますし、お客様同士が意気投合して仲良くなってしまうこともあります。

気にしすぎることはありませんが、ご予約を承る場合は、前後のお客様の予約時間や施術内容、そしてお客様のタイプや個人事情などをそれなりに考慮した上で受けること。

場合によっては、ご希望通りではなく

「3時からはいっぱいなので、4時からにしていただけませんか？」

と、ご提案することで、お客様の満足度が高まる可能性もあります。

「お客様のご満足」を第一優先に、自分なりに上手に予約をコントロールしていきましょう！

8

「お客様は全員平等に」の落とし穴

こうして脱出！　顧客満足の基本ルール

「お客様は皆平等に扱わないと……。」

はい、もちろんその通りなのですが、予約時間同様、これにもバランスというものがあります。

平等よりもバランスが大事

お客様によって、サロンに求めるレベルは微妙に違います。

この微妙な違いに合わせて、いかに個別対応ができるかでサロンとしての評価が分かれてくると思います。

開業後 つまづきから脱出するための法則 .8
「お客様は全員平等に」の落とし穴

私の場合ですが、例えば、口うるさいお客様は他のお客様と同じ時間帯には受けないようにしています。（基本的に、フェイシャルならば二人同時進行で受けられる体制にしています。）

口うるさいお客様の対応は正直言って気がすすまないもの。

でも、だからといって「他のお客様と一緒の時間でいいや」とやってしまうと、結局そのお客様にも他のお客様にもご満足いただけない結果となりがちです。

うるさいお客様は一人だけだとしても手がかかりますし、その方がアレコレ言ってくれば他のお客様も心地よくありません。

ポイント！

したがって、気が進まなくてもうるさいタイプの方はあえてじっくりマンツーマンで対応し、人当たりがよく感じのいい方には、二人同時に入ってもらうこともあります。

普通に考えると、「うるさい方のほうを優遇するなんて不公平」と思われるかもしれませんが、うるさいお客様と一緒に施術を受けなければならないお客様からの不満が防げますし、うるさい方本人は納得。

また、2人同時の施術がマンツーマンより満足度が低いかというと必ずしもそうではなく、もうお1人へのアドバイスが自分の役にも立ったり、他のお客様との会話を聞くのが楽しい、という方も少なくないのです。（もちろん、そこに雰囲気を壊すうるさい系の方がいなければですが…笑）

ですから、全員にキッチリ同条件でサービスを提供するよりも、サロン全体の満足度を考えて優先したほうが絶対にいいのです。

また、遅刻が多いお客様は、余裕のある時間帯には入れずに、混んでいる時に入れるようにします。

お客様がいっぱいの状態であれば、遅刻すればその日は施術ができなくなりますので、次からは遅刻はしにくいはず。

それでも態度が変わらない方には

「その日はもういっぱいです」

「その日もご予約でいっぱいです」

と言って、やんわりとお断りしてしまいます。

私の場合、遅刻が許せるのは5回まで。いくらお客様でも、ルールを守ってくださらない方とお付き合いしていると疲れてしまいます。

余計なストレスを溜めないためにも、合わないお客様は「捨てる」勇気も必要だと思います。

施術時間は守ること

逆に、どなたにでも平等にしたほうがいいのは「施術時間」。


「今日は時間にゆとりがあるから」といって、サービスのつもりでいつもより長く施術を行ってしまうことがありますが、これはおすすめできません。

お客様は、一度味わってしまったことは「次もやってくれて当たり前」「次にやってくれなければ不満」と思ってしまう傾向があるからです。

特に、スタッフを雇っている場合は要注意。「あの人はやってくれたのに…」とトラブルになるケースが多いのです。

ポイント！

とはいえ、時間があるからちょっとサービスしたいこともあるでしょう。

そういう時は、施術の時間を長くするのではなく、「特別に○○をサービスしますね」といって、パックの種類を変えてみたり、ちょっとアロマを垂らしてみたりと、何か別のことをしたほうが後々のためです。

そのほうが、「この間は特別だったのね」ということがはっきりわかるので、次回にやってくれなかったからといって不満にはつながりにくいのです。

また、お待たせしてしまうときにちょっとしたサービスメニューを用意しておくこともおすすめです。前のお客様が長引いた時など、私は「アロマの足湯」をサービスするようにしていました。

「お待たせしてしまってごめんなさい。特別に、あなたにあったアロマをサービスしますね。」

と言ってさっと用意して足をつけていていただくだけで、イライラする待ち時間が、ちょっとほっとできる嬉しい時間に変わります。

ポイント!

こういったサービスをするときのポリシーは「無料だからといって手を抜かない」こと。「タダでやってあげているんだからこんなものでいいわよね」という態度は伝わってしまいます。無料なのにここまでしてくれるんだ！　と感激していただけることが重要なのです。

少し話がそれましたが、「平等」と「公平」は違います。

誰でも同じように横並びに扱うのではなく、お客様のタイプやその時の状況に合わせて、ベストと思われる「公平」対応を目指しましょう。

9

こうして脱出！　急なキャンセル対処法
ピンチをチャンスに変えるキャンセル活用法

当日のご予約キャンセルには誰しもガッカリするもの。

しかも、なぜか悪いことは続けて起きるもの。

「今日はお客様いっぱいで忙しいなあ」とハリキっていたのに、バタバタとキャンセルが続いて一気に暇になってしまう。

見込んでいた売上も一瞬のうちにゼロに近くなる。ガッカリするなといわれても無理ですよね。さすがの私も、こういうことがあるとすっかり落ち込みました。

暇になると、人間は悪い方悪い方へと想像が働いてしまうようで、

「前回の施術がやっぱりイマイチだったのかしら……。」

「あの時あんな言い方したのがいけなかった……？」

と、考えても仕方ないことをクヨクヨ考えて、どんどんドツボにハマっていくのです。

でも、自分がお客様だったら？　という視点で冷静に考えてみると、**前回がどうであれ「ご予約」をいただけていたということは、おそらく単に都合が悪くなっただけという可能性が高いですよね。**

そのことをいつまでもクヨクヨしていてもあまり意味がありません。

そこで、キャンセルというマイナスを、プラスに置き換えることを考えました。

キャンセル待ち客を確保する

お客様の中には、子育てを終えた主婦の方など、自由になる時間が多くていつでも来ることができ、いつでも来れるからこそわざわざ予約を入れるのが面倒、という方がいらっしゃいます。そこに着目し、「キャンセル待ち客」を確保することを思いつきました。

具体的に言うと、キャンセルが出たときに来てくださった方には、20％ＯＦＦで

施術を行うことにし、時間に融通がききそうなお客様に、

「よろしければこういう時に来ていただけませんか」

とお声をかけたのです。

　すると、何人かの方が喜んでご登録下さり、積極的に「むしろキャンセルが出たときに来たい！」といって下さる方まで登場したのです。

　実際にキャンセルが出た場合はお電話で連絡し、ご都合の合った方にお越しいただくというしくみです。希望の曜日や時間帯などもある程度はうかがっておき、登録している方がなるべくまんべんなくお越しいただけるよう配慮しました。


これなら、キャンセルも怖くない！


もちろん、OFFにするので若干売上は減りますが、ゼロになってしまうよりは遥かにありがたいことです。

　こうして、クヨクヨすることがなくなると、気持ちに余裕ができ、接客にもハリが生まれてくるのです。

10

理不尽なクレームに過剰反応しない

こうして脱出！ クレーム対処法

クレームを言われて嬉しい人はいないと思いますが、落ち込みすぎるのも問題だと思います。もちろん、お肌にトラブルを起こしてしまった、ご予約のダブルブッキングをしてしまった等、明らかに自分に落ち度がある場合は誠意を持ってお詫びをし、しかるべき対応をすることが必要です。（施術トラブルのクレーム対応についてはお悩み相談コーナーも併せてご覧下さい。）

クレームの質を見極めよう

でも、お客様からのクレームがいち個人としての意見に過ぎなかった場合、言われた内容には素直に耳を傾けるべきですが、どこまでそれを受け入れてお仕事に反映させるかは、「明らかに正当な意見であるかどうか」「同じ意見の人がたくさんいるかどうか」がバロメーターだと思います。

しかし、私たちは、クレームを言ってきた方の意見を取り入れるかどうかを、そのパワーによって判断してしまうことが多いように思います。

たった一件、めったにないレアケースなクレームなのに、ものすごい剣幕で怒鳴られたりすると、それが天下の一大事のように思い込んでしまう。

よくよく考えると2度起きることはありえないようなケースなのに、「もう一度こんなことがあったらどうしよう……」「もうこのメニューをやるのはやめよう」などと思いつめ、そのことがきっかけで何をするにも怖くなり、ビクビク仕事をするようになってしまう。

あげくの果てには、サロン運営がイヤになってしまう方さえいらっしゃいます。

世の中にはいろんな方がいるのです。

あなたとは全く違う感覚の方、あるいは変わったものの捉え方をする方もいらっしゃいます。そのすべて、100％の方にご満足いただこうなんて、所詮無理な話です。

開業後 つまづきから脱出するための法則 .10
理不尽なクレームに過剰反応しない

ポイント！

誠意を持って礼儀正しくお詫びすることは必要ですが、その場がおさまればそれでよし、と割り切ったほうが良い場合も多いと思います。

ピンチはチャンス、クレームを起こしたらその後の対応をしっかり行って以前よりファンになっていただく、ということももちろんたくさんあります。

しかし、内容によっては、無理に「また来ていただこう」などと思わないほうがいいこともあります。

合わないものはしかたありません。気にしすぎずに、クヨクヨ思い悩む時間を、あなたを気に入って下さっているお客様を喜ばすことに使ったほうがサロンのためです。

とはいえ、自分が正しい判断をしているのかどうか不安……という方も多いでしょう。

こんなときこそ、家族や友人などが頼りになります。

誰かに話を聞いてもらうだけでも、自分の頭の中の整理ができます。

「やっぱり、自分が悪い」

と思うのであればあらためてしっかりお詫びして対応すればいいですし、

「あのお客様もちょっと変だな」

と思えばもう考えなければいい。

クヨクヨしていると、それこそ何のためにサロンをやっているのかがわからなくなってきます。思い出してください。

あなたは、何のためにサロンを経営しているのですか？

ポイント！

そう、「幸せな生活を手に入れるため」ですよね。

あなたは、苦しむためにこの仕事をしているのではないのです。

まず、自分を幸せにしてあげなくては。

自分が幸せになることで、お客様やご家族を幸せにできるのです。

努力しても埋められることのない溝にはあえて近づかないで。

自分を楽にしてあげることもとっても大切なことですよ。

Part 4

Q & A お悩み相談室

Q

資金が全くなく、夫に出資してもらいます。足りない分を金融機関から借入したいのですが

融資をお願いする際に注意しておくことはありますか？

【お答えします！】

まず、「ここから借りたい」という金融機関があれば、事前にその金融機関に口座をつくっておき、月々の水道光熱費（ご自宅のもので構いません）など、支払いをそこにまとめるようにしておきましょう。

毎月一定の収入があり、滞りなく支払いも行っている、ということをアピールすることができます。今の仕事を辞めて独立したい、と思っていらっしゃる方は、辞めて収入がなくなってから融資を申し込むのは避けること。できればお勤めのうちに「まずは土日で個人事業を始めます」とお願いするのがベター。収入がある状態とない状態では、融資の受けやすさは格段に差があると考えておいて下さい。また、

ご主人やご家族・ご親戚などから出資していただく方も多いようですが、その場合は定期的な収支報告をしっかりするようにしましょう。私も夫に収支を報告していたと書きましたが、仮にあまり利益が出ていなかったとしても、報告があると「頑張っているんだな」と相手は安心します。逆に、何にも報告がないと「うまくいっていないのかな？　お金出したのに感謝もしてくれていないのかな？」と悪い方に考えるのが人間です。余計な詮索をされないためにも「今の状況はこうです。出資していただきありがとうございます！」とこまめに報告するようにしましょう。

また、融資を受けるには事業計画が必要、ということは72ページでもご紹介しましたが、自分だけではこれでいいのかどうか判断がつかない、という方は、地元の商工会議所を積極的に活用しましょう。無料で相談に乗ってもらえます。商工会の会員になっておくと、安価で勉強会に参加できたり、開業した後も何かと情報が得られたりというメリットがあります。1人でサロンをやっていると、意識していないと世間も視野もせまくなりがちなので、自己の成長のためにも上手に活用するとよいと思いますよ。

Q 自宅をサロンにリフォームします。どんなことに気をつければよいですか？

【お答えします！】

ズバリ、気をつけるべき場所は施術ルームとトイレ、注意すべきものは「照明」です。

玄関からお入りいただくとして、施術ルームとトイレにはなるべく生活感のある場所を通らずに行けるようにしたいもの。「施術ルームは玄関のすぐ隣だけれど、トイレはリビングの横を通っていただかないと…という場合は、パーテーションや観葉植物などを使って上手に目隠ししましょう。

そして、サロンらしい落ち着いた雰囲気をつくり、且つ部屋のアラを隠してくれるのが「間接照明」。蛍光灯の明るすぎる光では癒されないうえに、ほこりや壁の汚れなどを目立たせてしまいます。サロンの営業時間中は、部屋の蛍光灯は消して、玄関も施術ルームも間接照明をつけるようにするのがおすすめです。安いスタンドに和紙をかぶせるだけでも、シックな雰囲気を醸し出すことができますよ。

また、天上の蛍光灯を使用していた時は、天蓋のようなイメージで布をかぶせてしまい、画鋲（がびょう）でとめたところにアートフラワーをつけてインテリアのように演出していました。これなら、明るすぎて眩しいという事態が防げます。でも実は、明るさの軽減だけでそうしたのではありません。ベッドに寝て天井を見ているお客様には、蛍光灯のその中の汚れなどがよく見えて気になってしまうもの。

そこで考えた「布カバー作戦」。まさか汚れ隠しとは気付かれず、「素敵」とお客様からも好評でした（笑）。

Q 自宅でサロンを開業するのですが、家に看板をつけたくなく、ホームページに自宅の地図を載せるのにも抵抗を感じます。どうすればいいでしょうか。

【お答えします！】

「気に入っている自宅に看板をつけて雰囲気を壊したくない」「ご近所の目もあるし、大々的に看板をつけるのはちょっと…」とお考えになる方も多いでしょう。

お客様が近くまで来られた時に「ここだ！」とはっきりわかるのであれば、「看板」だけにこだわる必要はないと思います。

ただし「ここだ！」とはっきりわかる情報は必要。ドアの色、玄関の横の木、門の形、置物等々何でもよいのですが、周囲に溶け込みすぎず、初めて足を運んだ方にそれなりのインパクトが与えられるものを目印にするようにしましょう。

また、お電話で場所の問い合わせがあった時のために、最寄りの駅やバス停などからの道順をわかりやすく説明できるよう練習をしておくことも大切です。普段車で移動していると、徒歩でお越しになる方の目印になるものが意外とわからない、ということもありますので、いざという時にしどろもどろにならないようしっかり準備を。そのついでに、近所のコンビニや銀行、郵便局など、お客様からお問合せを受けそうな場所への行き方もチェックしておけば完璧です。

また、最寄りの駅やバス停などからお越しになる際の風景を写真にとってホームページに載せておくとより親切です。百聞は一見にしかず、アクトインターナショナルスクールのホームページを参考にして下さい。

ホームページに自宅を載せたくない、ということですが、もちろん本来は地図を載せたほうが親切。でも、物騒なことも多いこのご時世、むやみに自宅を公開したくない気持ちもわかります。その場合は、近所のコンビニ等、何かわかりやすい場所を載せておき、はじめてご来店される方にはそこで待ち合わせをして自宅までお連れする、という方法を取ると良いでしょう。ご自分の服装や髪形を伝えておくことを忘れずに。

Q

卸業者さんから化粧品を仕入れていたのですが、先日「急いでいるのですぐに送ってほしい」と注文したところ、「メーカーから直接送ります」と言われ、メーカーから商品が届きました。

業者さんが間に入るよりもメーカーと直取引をしたほうが納期も早くて安いのではないでしょうか？

【お答えします！】

メーカーと直取引をした方がお得、というイメージがあるかもしれませんが、必ずしもそうとは限りません。取引相手がどこであっても、確認すべき点は同じ。納期と掛け率はもちろんですが、小ロットで注文ができるのか、送料はいくらかかるのか、支払い方法は？　などを明確にした上で比較する必要があります。

仕入れの金額は安くても、1個・1本という小ロットでは仕入れられず、6本、10本まとめて購入しなければダメ、ということもありますし、○万円以上注文しないと送料がかかる、とうこともあります。それらをトータルで考えた時に、どちらがお得か検討する目線が必要です。

卸の業者さんは、小ロットで注文できたり、支払いも月に1回まとめてでOK、と小さなビジネスをしている人にも利用しやすいようにしてくれているところが大きなメリット。複数のメーカーの情報を持っていたりもするので、上手にお付き合いすることをおすすめします。

また、「相手にとっての自分の存在の大きさ」という目線で考えてみるのもよいでしょう。大企業にとっては、月に5万円仕入れているサロンはちっぽけな存在。しかし、小さな卸会社にとっては、月5万コンスタントに買ってくれるサロンの存在は結構大きいかもしれません。相手にとっての存在が大きいほど、お客様として大切にしてもらえる可能性が高いことはおわかりになりますよね。

いずれにしても、目先の安さだけで取引先を判断しないこと。サロンの運営、売上を考えた時に、どちらのメリットが大きいか？　を冷静に考えてお付き合いしていきましょう！

Q キャンペーンを企画し、ダイレクトメールを送ったのですが全く反応がありません。

キャンペーンを成功させるにはどんな企画がよいのでしょうか。

【お答えします！】

ダイレクトメールを送りっぱなしにしていませんか？　企画の良し悪しも当然反応に影響しますが、「送っただけではお客様は来ない」が私の持論。

届いた頃に必ず電話をするのは鉄則です。

日本人女性はお姫様のように扱われるのが好きなのです。ダイレクトメールを見て自分から問い合わせをして予約をするような積極性がある方は一握り。ほとんどの方は、興味があっても自分からはアクションは起こしません。「お得なキャンペーンのお知らせをしたのですがご覧になりましたか？」「とってもおすすめですよ」と言われてはじめて、「実はちょっと気になっていたのよね…」と言って下さるものなのです。「オープン時ならともかく、営業の電話をするのはお客様が少ないみたいで恥ずかしい…」などと思っている方は、お客様との普段からのコミュニケーション不足！　お肌やお身体のご様子伺いを中心に、普段からよくご連絡を取っていれば、時々「とってもお得なキャンペーンがあるんです！」とお知らせすることは、嫌がられるよりもむしろ喜ばれることが多いんですよ。

まず、初めて来店された方には、翌日に必ずお礼のご連絡をして、お肌やお身体の様子を確認します。営業的なことは一切なしで、お話をうかがった上で、最適なホームケア方法などをアドバイスします。次にご来店された時に再度ご様子を伺えば「親身になってくれるサロン」と思っていただけること間違いなし！

更に、季節の変わり目など、お肌や体調が不安定になる時期などに、定期的にご連絡するようにすると良いでしょう。こうした普段からのコミュニケーションが、キャンペーンのお知らせを「単なる営業」ではなく「親切なご案内」と捉えていただくポイントなのです。

「この企画はイマイチかも…」とがっかりする前に、企画を受け入れてもらいやすくする関係作りを強化していきましょう！

Q 新規客がなかなか開拓できません。集客するためのよい方法はありませんか?

【お答えします!】

まず、「お客様候補はどこにでもいる!」という発想を持つこと。チャンスは、あなたの生活の中に溢れています。あなたの行く先々に、お客様となる方が待っているのです。それなのに、出会っていないだけ。出会いのきっかけを自分からつくるようにすればいいだけなのです。

最低限のコストで集客する方法としては、とにかく日々サービスチケットを持ち歩き、出会った人に必ず渡すこと。その際、自信を持ってアピールすることを忘れずに。相手の目を見て、「とっても気持ちがいいので、是非一度来てみて下さい!」とはっきり言えるかどうかがポイント。上手に言える自信がない方は、ご家族やご主人を相手に練習することも必要です。

また、第1章のパターン⑨でもお伝えしましたが、普段からキレイにしておくことも大切。どこでどなたに会う機会があるかわかりませんので、常にメイクもヘアもプロ仕様にしておくこと。髪がボサボサ、メイクもぼんやりの女性にチケットを渡されても全くワクワクしない↓サロンに行きたくならないことを認識しましょう。

「この人がやってくれるなら行ってみたいな」と思わせる魅力、それこそが集客の最大の武器であることを忘れずに行動しましょう。ご検討をお祈りいたします！

Q　一生懸命お客様に尽くしているつもりなのですが、リピートがなかなかとれません。

【お答えします！】

ご来店の際に「次回の予約」を取るようにしていますか？　施術が終わったら、お帰りになる前に、「来週はいつになさいますか？」と、できれば向こう2回分の予約を取っておくのが基本ですよ。

「まだスケジュールがはっきりしないから…」とおっしゃる方には「予約がどんどん埋まってしまうので、仮の日程でいただいておきます。ご都合が悪くなったらご連絡下さい。」とお伝えし、確定ではなくても仮のご予約をいただきましょう。

それでもリピートが取れない、となると、施術者としての根本的な力が足りない可能性があります。第2章でもお伝えしましたが、まず、明確な「結果」を出せるメニューがあるかどうか、技術力は十分かどうかをよく考えてみて下さい。リラクゼーションメニューしかないのであれば、痩身、美白、アンチエイジング等、まずひとつでもいいので「結果」がわかりやすい技術を習得し、メニューを導入することをおすすめします。

また、技術だけでなく、カウンセリング力&プランニング力も必要。

第2章「リピートを獲得するための個人サロンのメニュー戦略」のところでお伝えした「週1回4カ月」の提案を確実に行っていますか？ 通っていただく回数や頻度は、お客様任せにせず、サロン側が主導権を持ってご提案していかなければよい結果には繋がらないですよ。

厳しい言い方になるかもしれませんが、リピートが取れないのは「価格に見合った価値が感じられない」ということ。

「この値段でこの内容はお得!!」と感じていただけるかどうか、お金を払うお客様の目線になって、価格設定を含めてじっくり再検討してみて下さいね！

Q 施術の終了後、ずっとおしゃべりしていてなかなか帰って下さらないお客様がいます。次の他のお客様が来店されても気にせず話し続けて対応に困っています。どうすればよいでしょうか。

【お答えします！】

私もまさにそういうお客様に悩まされた経験があります。次のお客様の施術が始まっても、居座って話し続け、しかもタメ口（笑）。

プロといての私のことを立ててくれず、むしろ他人の前で私を低く扱うことで自尊心を満足させるようなタイプの方で、ほとほと手を焼きました。

でも、こういうタイプのお客様は、実は寂しがり屋さん。失礼ながら性格上、どこにいってもあまり大切にされてもらっていないことが多く、ちょっと優しくされると良くも悪くも必要以上に気に入ってくれるのです。

それに気付いてからは、せめてうちのサロンでだけは大切にして差し上げよう、と思うようになりました。

しかし、他のお客様に悪い印象を与えてしまうレベルになると問題ですよね。そこで、次回の予約を入れる際に、以下のように工夫するようにしました。

まず、次のお客様の予約時間を詰めすぎず、少し余裕を持って入れるようにする。1人目の施術が終わってお茶を飲んでいる際に2人目が来られるのが理想、と言いましたが、こういうお客様の場合はそれをやめて、30分ほど間をあけるようにします。そして当日、施術が終わった際に、「次のご予約まであと30分はごゆっくりしていただけますよ」とお伝えするのです。そして、「次のお客様の準備をさせていただきますね」とお断りした上でお話を伺いながらベッドの片づけと準備をしてしまいます。本人的には30分では物足りないかもしれませんが、さすがに30分後にお客様がお見えになると、大人しく帰って下さるようになりました。

くれぐれも、早く帰ってもらいたいからと時間を詰めすぎないこと。経営者として最低限の効率は守りつつ、自分のできる範囲内で心を満たして差し上げる、そんなハートを大切にしましょう。

Q
施術をした翌日に、「肌が赤くなった」というクレームの電話をいただきました。
「エステのせいではないかもしれないけど…」とおっしゃって下さったのですが、引き続き通っていただくには、どのように対応するとよいでしょうか。

【お答えします！】

お肌やお身体のトラブルが起きた時はとにかく大げさなくらいに対応することが大切です。まず、安易にアドバイスや自分の意見を言うのではなく、「病院に行っていただく」ことをお願いしましょう。お医者様という「プロ」に診断していただくことが、トラブルを拡大させない重要なポイントです。クレーマー的なお客様から身を守ることにも繋がります。

痛い、かゆい等の症状がある場合は、水に浸したコットンでパックをして冷やしていただくことをおすすめし、それ以上のアドバイスはしないようにします。下手に余計なアドバイスをして悪化させてしまうと、サロンの信用を落としてしまいます。

また、交通費や治療代はサロンで負担するようにします。可能であれば、自分も病院に出向いて誠意をお伝えするようにしましょう。「いや、病院に行くほどではないから…」と言われたからといって、「それならいいのですが…」と言ってはいけません。クレーム対応の基本は、相手よりもテンションを上げ、相手が期待している以上の行動を取ること。「後々悪化することも考えられますし、今後のためにも原因をきちんと把握させていただきたいので、まずは病院にいっていただきたいのです。」「お1人で不安なようでしたら私もご一緒致します」とお願いしましょう。

その後は、診断結果に基づいて、対応します。サロン側のミスであれば、施術代はお返ししましょう。とにかく親身になって、「そこまでしてくれなくても…」と思っていただけるくらいに尽くすこと。そうすれば、クレーム前よりもサロンのファンになっていただけることも可能です。

また、意外と知らない方もいらっしゃいますが、困った時の強い味方に協会が推薦している「エステ保険」「アロマ保険」があります。もしものために入っておくと本当に安心。トラブルなどにしっかり対応してくれるとても親切な保険ですよ。

Q

仕事は順調で忙しすぎるくらいなのですが、毎日自宅とサロンの往復をするだけで、世間が狭くなっている気がします。日々充実してはいるのですが、男性との出会いもなく、

将来を考えると少し不安な毎日です。

【お答えします！】

サロンの仕事に限らず、毎日が自宅と職場の往復の繰り返しで、マンネリ化してしまう方は意外と多いものです。個人的には、独身であれば開業から3年間はある意味「仕事漬け」で、他の事には目もくれずに実績を伸ばしていったほうがよいと思っています。実績を積んで自信をつければ、その道のプロフェッショナルとして、人とお会いしても気後れしない自分になることができるようになります。

もし、出会いを求めるのならば積極的に行動範囲を広げることが必要。でも、やみくもにお見合いパーティーなどに参加するよりも、自分の成長につながるような場に出かけるほうがおすすめです。業界内の技術や化粧品などの勉強会に行ってみ

るのもよいのですが、それだけでは世間が狭くなることを防げません。

業種を問わず、第一線で活躍されている経営者の講演会を聞いてみたり、経営者が集まる勉強会に参加してみるのもひとつ。少なくとも、月に1度は新しい場所に出向くことをおすすめします。意識の高い方が集まるところに行くとよい刺激を受けて、自分を高めることができます。

もちろん、思い切りキレイにしていくことをお忘れなく。男性との出会いだけでなく、お客様候補となる女性と出会うこともありますし、常にチャンスをものにできる自分を演出できるようにしておきましょう。

ところで、私個人は、結婚はしてもしなくてもどちらでもいいと思っています。1人でも自立して幸せに生きている魅力的な方はたくさんいらっしゃいますし、時には自由でうらやましいと思うこともあります（笑）

ただ、結婚したほうが手に入りやすいものとして「わずらわしい人間関係を乗り越える力」があると思います。ご主人のご両親やご親戚、子供がいれば学校での他の親御さんとのお付き合い等々、結婚していると「合わない」人とうまく合わせなければならない局面に多く突き当たります。これがやっかいなことなのですが、こうした経験が自分を成長させてくれるのもまた事実。家族が幸せにうまくやっていくためには、合わなくてもそれなりに合わせつつ、角を立てずにほどほどにお付き合いする。嫌な思いをしても顔に出さずに我慢する。その経験が、お客様と接する際にも非常に役に立つのです。

より幅広いタイプのお客様を上手に受け入れることができるようになり、顧客獲得のチャンスも広がります。1人で仕事をしていると、いつの間にか相性のいい人とだけお付き合いし、合わない人とは付き合わないようになってしまう傾向があります。それはそれでストレスがたまらず悪いことではないと思いますが、人間的にさらに成長できるチャンスを逃している可能性があることは意識しておいたほうがいいかもしれません。そんなことも含めて、新たな出会いを求めるのであれば、とにかく行動範囲を広げること！　仕事に自信がついてきたら、より視野を広げて、時には全く新しい世界に飛び込んでみると、もうひとつ上に新たなステージが用意されているかもしれませんよ！

初公開！　太田めぐみのリアルサロン開業

私、太田めぐみが初めて店舗を
借りて出店したサロンの投資の
内訳とレイアウトをすべてご紹介します！

【投資の内訳】

敷金３ヵ月分　18万円
(6坪)

内外装　60万円
(壁紙・床・ドア・看板等)

> **ポイント**　内装にはそれなりにお金をかけてキレイにしました。
> 特に床材は温度調節にも防音にも影響するので特に重要です。

ベッド2台　20万円
(１０万円×２)

機械　15万円

> **ポイント**　私の入った物件にはエアコンがついていましたが、ない場合はエアコンの購入が必要。また、今ならパソコン購入やメールサーバー等の契約も必要になりますね。

化粧品(施術用)　10万円

洗濯機・乾燥機　10万円

電話・ＦＡＸ　5万円
(工事費含)

照明・その他備品類・
タオル・ガウン等　5万円

広告費(新聞折り込み・挨拶状)
25万円

３万件にチラシを配布
印刷代１枚５円、折り込み１枚３円
挨拶状　200枚送付

> **ポイント**　意外と投資を控えがちな広告費。オープンが宣伝の最大のチャンスですので、初年度の広告費は年間売上の２０％くらいの予算を取っておくことをおすすめします！集客のためはもちろんですが、家族や知り合いに「本気だな」と感じてもらうきっかけにもなります。今ならホームページや携帯サイトの用意はマスト！私は折り込み広告を使いましたが、ポスティングやタウン誌広告など、様々な集客手段がありますので安くて効果的なものを検討してみて下さい。

トータル　**約168万円**

公開！　狭い空間をフル活用！
太田めぐみの初サロン 18の秘密

1、スペースを少しでも広く使えるように、使わないときはワゴンやベッドを壁にくっつけられるようなカウンターを作りました。メイクレッスン用に壁面に大きなミラーを用意したのですが、施術後のボサボサの髪が写り込んでしまうため、お客様からは大不評！　結局普段はミラーの前に突っ張り棒とカーテンを付けて隠すことになってしまったのは反省点。

2、天井のライトがサロンのイメージと合わない事務所用の長い蛍光灯だったため、思い切って使用せず、すべて間接照明にすることに。施術には明るさが必要なので、ベッドの近くに電気スタンドを付けました。

3、ベッドは1台だけでも早めに用意し、大きさのチェックを。物件によっては入り口から入らなかったり、狭くて置けなかったりすることもあるので注意して！

4、2台のベッドの周りにU字型、2台のベッドの間にI字型のカーテンレールをつけ、カーテンの中で着替えていただくようにしました。お客様のお荷物はカゴに入れていただきベッドの下に。照明の関係なのでカーテンが天井に直接つけられない場合は、天井からレールを吊るす方法がありますが、可能であれば天井に直接レールを付けた方が綺麗。カーテンは意外と汚れるので、汚れが目立ちにくく、自分で洗濯できるものを選んで。

5、できればカウンセリングはベッドではなく専用のスペースで。椅子の座り心地には十分注意して。自分用の椅子は施術用のものと兼用でOK。

6、折りたたみのテーブルを一つ用意しておくとお客様が重なったりメイク等のレッスンをしたい時にも便利です。

7、洋服掛けの棚は意外と厚みが必要なため、正面から掛けられるタイプにしました。

8、固定客確保のためにはカルテ活用が必須！そしてカルテ活用のためには収納場所をきちんと決めておくこと！　私はホームセンターで薄めの引き出しを買って五十音順に入れてました。

9、掃除道具は棚の後ろのスペースに収納

10、薄暗いトイレは視覚が働かない分嗅覚が敏感になり、嫌な匂いを感じやすくさせてしまいます。照明も壁の色もなるべく明るく！　また古いトイレは便座を変えるだけでもかなり印象が変わりますよ。

11、お客様がちょっと手を洗いたい時など、バックヤードやトイレの水道を使っていただくのは美しくないため、トイレの外に洗面台を付けました。

12、部屋の入り口付近に等身大の鏡を付けました。施術中でも玄関から誰が入ってきたかをチェックできて安心。お帰りになるお客様の身だしなみチェックにも大活躍！

13、目隠しには観葉植物がおすすめ。キャスターをつけた板（ストッパー付き）の上に乗せておくと、陽を当てたい時や他の場所の目隠しに使いたい時に重宝しました。裏側にフットライトをつけて照らすと入り口から入った時の印象がグッとアップします。

14、床は汚れやすいので部屋の入り口でスリッパに履き替えていただくことに。玄関に段差をつけると高くつくため、段差は付けずにフラットなままにし、部屋の中と外で床材の色を変えました。

15、汚れをごまかすためにペンキで塗り鈴をつけました。※プロにペンキをお願いするとちょっとの仕事でも1日分の料金がかかるので、内外装含めてまとめてお願いすることをおすすめします！

16、ワゴンはホームセンター等で安く購入してもOK。ただし、キャスターを動かした時に音がうるさくないかだけはよくチェックしましょう！（プロ用のものはさすがに静かです）

17、作り付けの引き出しは高いので、あらかじめプラスティックの引き出しを購入してその大きさ・高さに合わせた棚の枠組みだけを作ってもらいました。値段を抑えて素敵に仕上がるのでおすすめです！　棚の数や大きさはしまうモノと必要なスペースをよく考えて書き出しておき、内装屋さんに相談しましょう。

18、狭い物件だったのでできるだけ広く見えるよう。壁や床は明るい白屋ベージュ、ライトブラウンにしました。

〈レイアウト概要〉 6坪

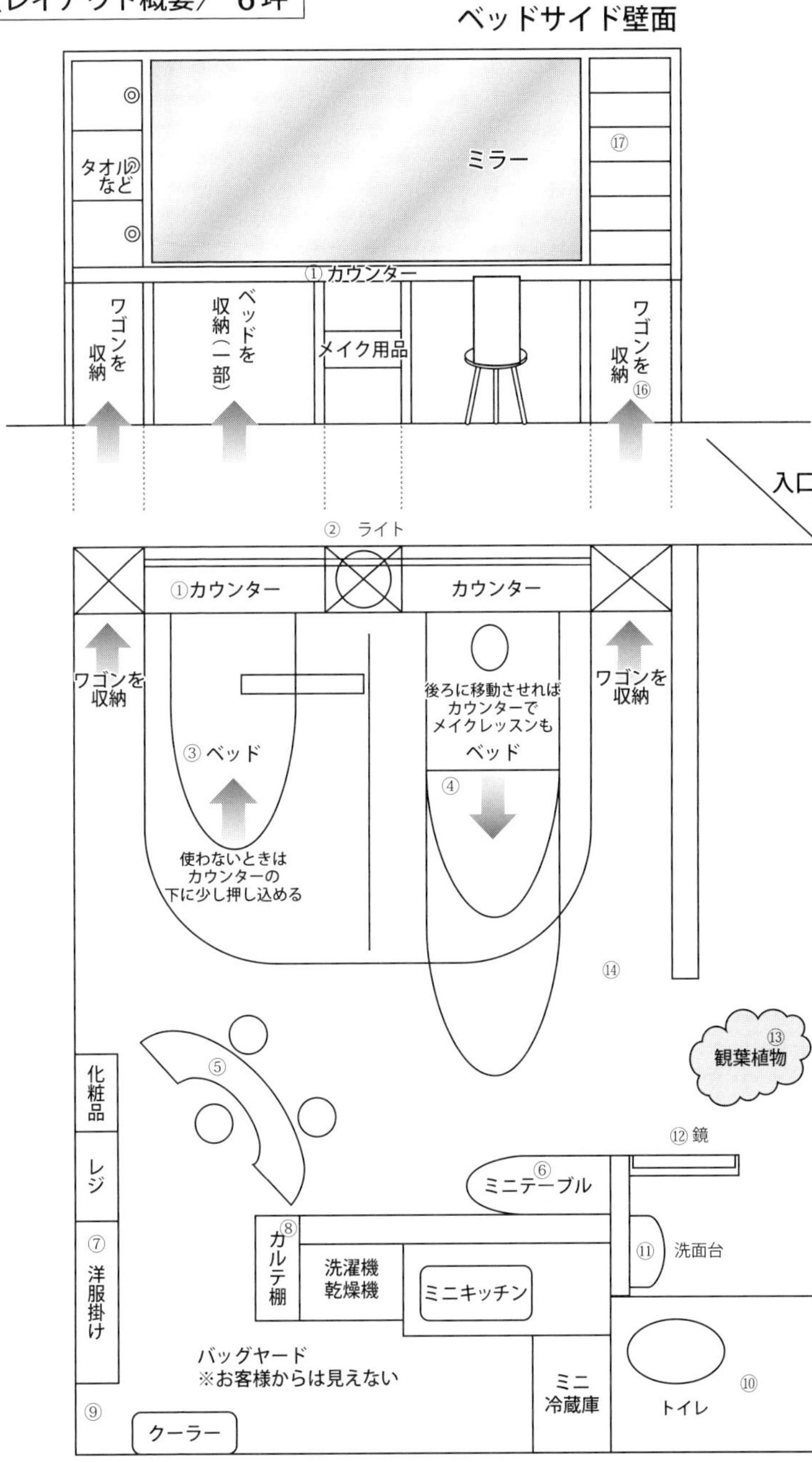
ベッドサイド壁面
タオルなど
ミラー
⑰
①カウンター
ワゴンを収納
ベッドを収納（一部）
メイク用品
ワゴンを収納 ⑯
入口ドア ⑮
② ライト
①カウンター
カウンター
ワゴンを収納
後ろに移動させればカウンターでメイクレッスンも
ワゴンを収納
③ ベッド
ベッド
④
使わないときはカウンターの下に少し押し込める
⑭
⑬ 観葉植物
⑤
化粧品
レジ
⑦ 洋服掛け
⑫ 鏡
⑥ ミニテーブル
⑧ カルテ棚
洗濯機 乾燥機
ミニキッチン
⑪ 洗面台
バッグヤード
※お客様からは見えない
ミニ冷蔵庫
⑩
トイレ
⑨
クーラー

おわりに

ここまで読み進めていただき本当にありがとうございました。

ご感想はいかがでしょうか？

■「痛い、痛すぎる…もっと早く教えてもらっていれば…」という方

もっと早くお伝えできずに申し訳ございません。

でも、あなただけではありません。私も同じような失敗を繰り返してきたのです。

しかも、７つもの店舗に、今思えば気が遠くなるような投資もしながら痛い思いを味わってきたのです。だからこそ、お伝えできたことと自負しております。

軌道修正の方法についても併せてお伝えしたつもりですので、まだまだこれから挽回できるはずです。

ぜひぜひ今後にお役立て下さい。

■「良かった、やっちゃうところだった…」という方

そう、開業前の転ばぬ先の魔法の杖、がこの本の基本テーマです。開業準備中のあなたに、再度プランを見直していただくきっかけとなれば幸いです。

■「そうか、こうすれば良かったんだ！」という方

すでに開業中のあなた、お悩み解決のヒントのなればとても嬉しいです。自分なりに、現在の段階でベストと思っている解決策を、あますところなく公開したつもりです。もっといい方法を知っている、思いついたという方がいらっしゃいましたら、是非是非教えてくださいね！

このほかにも、様々なご感想をお持ちの方がいらっしゃることかと思います。よろしければ、忌憚のないご意見ご感想をお聞かせ下さい。お待ちしております。

さて、サロン経営で「幸せ生活」を手に入れるための様々なノウハウをご紹介してきましたが、まとめと致しまして、最後にひとつだけお伝えしておきたいと思います。

「念願のサロンがオープンできた。仕事を通じて、こんな方と出会うことがあります。

当初の売上目標も達成できた。

お客様も増えて経営も安定してきている。

でも、仕事と家事に忙殺されて、幸せが感じられない。

家族も喜んでくれているようには思えない。

こんなはずではなかった…」

描いていた夢が実現したはずなのに、幸せだと思えない。

もしかすると、あなたもそう感じてしまうことがあるかもしれません。


実は、私にもそんな時期がありました。

理由は、大きく2つあると思います。ひとつは、プライベートに気になることを抱えている時。例えば、お子さんの進学や受験、ご主人の転勤、引っ越し、身内の病気やトラブル等が気がかりで、なんとなく仕事に集中できずもやもやしてしまうのです。

実は、このパターンは悩んでも仕方がないことが多いもの。時期が過ぎれば解決できることですから、「よし、今年はこれ以上仕事は拡大しない！子供においしいご飯を作ってあげる年にしよう！」と決めて、仕事はほどほどにすると割り切ることで乗り切って行けます。

もうひとつのパターンは、サロンをはじめた時の初心や感謝の気持ちが薄れてしまい、仕事に新鮮さがなくなってしまった時。これはちょっとやっかいです。人は、成長している時は充実感を感じるものです。自分の力が停滞している時に、「このままでいいのかな？」などという贅沢な悩みが頭をもたげるのです。

そんな時は、とにかく新しいチャレンジ、新しいアクションを起こすこと。何をやったらいいのかわからない時は、初めて新規のお客様がお越しになった時のことや、初めて「ありがとう」と感謝の言葉をいただいた時のことを思い出してみましょう。あなたがどんな思いでサロンをオープンしたのか。お客様にどんな時間を提供したかったのか。本当にやりたいサービスは何なのか、そのために何をすることが必要なのか書き出していくのです。

例えば、もっと客単価の高い高級イメージなサロンをやりたかった、とします。それならば、①繁盛しているハイイメージなサロンを雑誌やＨＰなどで調べる　②よさそうなところに電話をかけて予約する　③実際に行ってみてどう感じたか考える、真似できるところは真似する、といったアクションを起こすことが考えられます。一度に多くの事はできなくても、1日に①②③をひとつずつ進めることは意外と簡単です。こうして、自分で計画を立てて行動を起こしていけば、徐々にまた充実感を味わえるようになっていけます。

やらなければならないことや他人に振り回されて、自分で自分をコントロールできていないときに人はスランプに陥りがち。自分で自分の人生をコントロールできるよう、具体的な「アクション」に目を向けることを大切にしましょう。

すべてが〝完璧〟な人などどこにもいません。

トランプゲームで言えば、はじめからすべてのカードが揃っているなんてよほどのラッキーがなければありえないものです。手持ちの資金や時間をどうやりくりするかが経営者としての腕の見せ所です。あなたは、冷蔵庫の残り物をうまくアレンジしておいしい料理を作ることが得意ですか？

「お肉がないから今日はイマイチなメニューにしかならないわ…」と「ないもの」に注目してしまうタイプの方は要注意！　ないものねだりをしていると、「こんなはずではなかった…」にはまりやすくなってしまいます。

逆に、同じ材料を使っておいしく料理できる発想が身につけば、幸せ生活はすぐそこです。

まずはあなたが、あなた自身をきちんと理解すること。

その上で、そんなあなたの良さをお客様にどう伝えていくか考えること。

このふたつが、成功の鍵を握っているといっても過言ではないでしょう。

それでは最後に、もう一度、あなたの理想のサロンについて、具体的に記入してみて下さい。

最初に書いたものと見比べて、さらにもう一度、検討してみてください。

さあ、「幸せ生活」が見えてきましたか？

この本を手に取って下さった皆様全員が理想のサロンを確立され、「幸せ生活」を手に入れられますことを心から願っております。

尚、本書の出版にご尽力下さいました株式会社ＢＡＢジャパンの東口敏郎社長、編集部の角由紀子様、経営ノウハウを教えて下さった株式会社スパイスアップの望月啓子社長に大変お世話になりましたことを、この場をお借りして深くお礼申し上げます。

太田めぐみ

著者　太田めぐみ（おおためぐみ）

アクトインターナショナル スクール代表。一般社団法人日本アロマパルファンヌ協会理事長。農家の嫁として農業に携わる傍らエステサロンを開業。独自の成功理論で開業3年で年商1億円の社長となる。「女性が元気になれば世の中が明るくなる」という信念の元、美と癒しをテーマに様々な分野に進出。2001年､英国でアロマセラピストとして活躍していた娘と共にスクールを設立。2010年にIFA国際アロマセラピスト連盟の認定校となる。アロマテラピー･エステティック･食育の資格取得、就職･独立開業支援を行う他、医療機関でのアロマトリートメント、結婚式場でのアロマ空間演出など、卒業生の活躍の場の拡大を積極的に行っている。2011年にアロマ調香師を育成する日本アロマパルファンヌ協会を医師とともに立ち上げ、アロマウェディングを推進するなど、アロマテラピーの新たな可能性を追求している。

アクトインターナショナルスクール
■ http://www.ais-shizuoka.com/
■ info@ais-shizuoka.com

一般社団法人日本アロマパルファンヌ協会
■ http://www.aromaparfumne.com/

★Cover Design：清水淳一
★Illustration：geel-pro
★協力：株式会社スパイスアップ　代表取締役 望月啓子（http://www.spice-up.jp/）
★coverphoto：KAORU / PIXTA

女性が幸せになるための
ゼロから始める
サロン開業術
したたか

2011年2月20日　初版第1刷発行
2012年4月10日　第2刷発行
著者　太田めぐみ
発行者　東口敏郎
発行所　株式会社ＢＡＢジャパン
〒151－0073 東京都渋谷区笹塚1－30－11 中村ビル
TEL 03-3469-0135
FAX 03-3469-0162
http://www.therapylife.jp
shop@bab.co.jp
印刷・製本　大日本印刷株式会社
郵便振替 00140-7-116767
ISBN978-4-86220-571-1　C2077